《小豆丁学作文》丛书

第一册

词语总动员

主　编：李　锋

编写者（以姓氏笔画为序）：

王意如　孙国强　张心科

张成新　范少琳　屈小琴

周　吟　周　燕

感谢华东师大语文教育研究中心对本书编纂的全面指导，感谢绿光教育对本书编纂的鼎力支持。

文汇出版社

图书在版编目（ＣＩＰ）数据

词语总动员 / 李锋主编. -- 上海 : 文汇出版社，
2015.1
（小豆丁学作文）
ISBN 978-7-5496-1386-1

Ⅰ. ①词… Ⅱ. ①李… Ⅲ. ①作文课－小学－教学参
考资料 Ⅳ. ①G624.243

中国版本图书馆CIP数据核字(2015)第011717号

词语总动员

主　　编／李　锋

责任编辑／陈今夫
封面装帧／方济力

出版发行／ 文匯出版社
　　　　　上海市威海路 755 号
　　　　　（邮政编码 200041）
经　　销／全国新华书店
印刷装订／扬州市江扬印务有限公司
版　　次／2015 年 1 月第 1 版
印　　次／2015 年 1 月第 1 次印刷
开　　本／720×960 1/16
字　　数／100 千
印　　张／10.5

书　　号／ ISBN 987-7-5496-1386-1
定　　价／ 37.80 元

目 录

〔第一单元〕
让"写的"比"说的"更好 (2 学时) ················· 1

〔第二单元〕
到哪里去找好词句呢 (1 学时) ················· 23

〔第三单元〕
多找些动词做朋友 (2 学时) ················· 43

〔第四单元〕
用"搭积木"的方法来写作 (2 学时) ··········· 63

〔第五单元〕
学会"造房子" (4 学时) ················· 83

〔第六单元〕
不要总是那张脸 (2 学时) ················· 105

〔第七单元〕
学习用嘴巴"写作文" (2 学时) ················· 125

〔第八单元〕
大声读出来 (2 学时) ················· 145

让"写的"比"说的"更好

（2 学时）

亲爱的小朋友，我们要开始写作文啦！

你知道作文是什么吗？有人说：作文，就是把想到的话写下来。这话对不对呢？答案是：也对，也不对。说它对，是因为作文的确和说话一样，是表达我们内心的感受的。比如，我们看到一朵花，心想："这花可真好看呀。"听到一首歌，心想："这歌好像在什么地方听到过。"你把它说出来，是"话"；你把它写下来，是"文"——这时候还只是文句，一个个文句连起来，就成了文章了。作文就是写文章。

但是，"说"和"写"也有不同的地方。相对来说，说话比较随便，不一定那么规整。因为说话有当时的环境，话里缺点什么也不要紧，听的人照样能明白。还有，话张口就来，不大会经过推敲；话说过就完了，也不大会仔细琢磨。写下来的就不同了。

首先，我们得把意思表达清楚，要是写得不清楚，看的人又没有和你面对面，不能拉着你问，那不就彻底不明白了么？而要把话写清楚，句子一定得是规范的。不规范的句子，就像缺胳臂少腿的人，行动不便，没法把意思传达给读者。另外，写文章不像说话，容不得你左想右想。写文章要动脑筋，不仅要把话说得清楚、明白，还要说得好听，让人爱听。

我们现在就来学习让"写的"比"说的"更好。

读一读

要想写好作文，阅读很重要。很多优秀的文章，为我们写作树立了榜样。下面我们就来"读一读"，看看别人是怎么"写话"的。

神奇的丝瓜

季羡林

丝瓜是普通的植物，我也并没有想到会有什么神奇之处。可是忽然有一天，我发现丝瓜秧爬出了篱笆，爬上了楼墙。以后，每天看丝瓜，总比前一天向楼上爬了一大段；最后竟从一楼爬上了二楼，又从二楼爬上了三楼。说它每天长出半尺，绝非夸大之词。丝瓜的秧不过像细绳一般粗，如不注意，连它的根在什么地方，都找不到。这样细的一根秧竟能在一夜之间输送这样多的水分和养料，供应前方，使得上面的叶子长得又肥又绿，爬在灰白色的

2

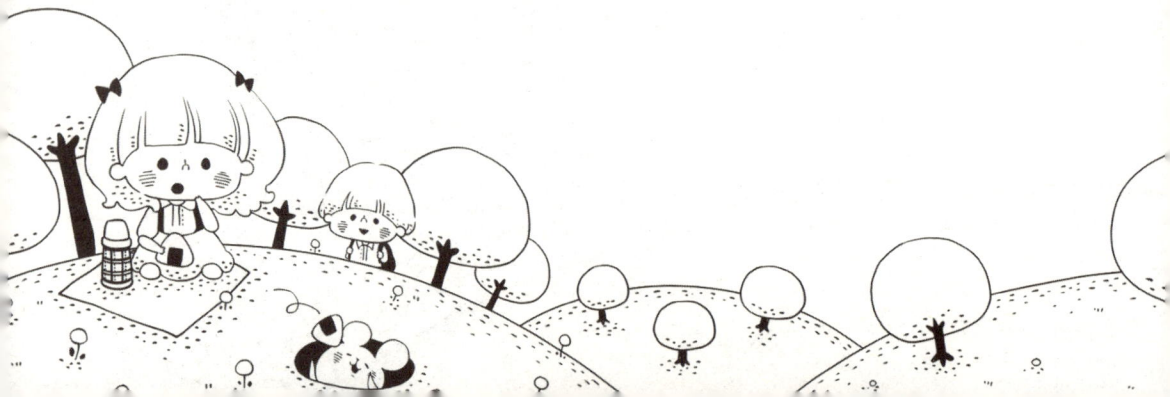

墙上，一片浓绿，给土墙增添了无量活力与生机。

......

不知道从哪一天起，我忽然又发现，在两个大瓜的下面，在二三楼之间，在一根细秧的顶端，又长出来了一个瓜，垂直地悬在那里。我又犯了担心病：这个瓜上面够不到窗台，下面也是空空的；总有一天，它越长越大，会把上面的两个大瓜也坠了下来，一起坠到地上，落叶归根，同它的根部聚合在一起。

然而今天早晨，我却看到了奇迹。同往日一样，

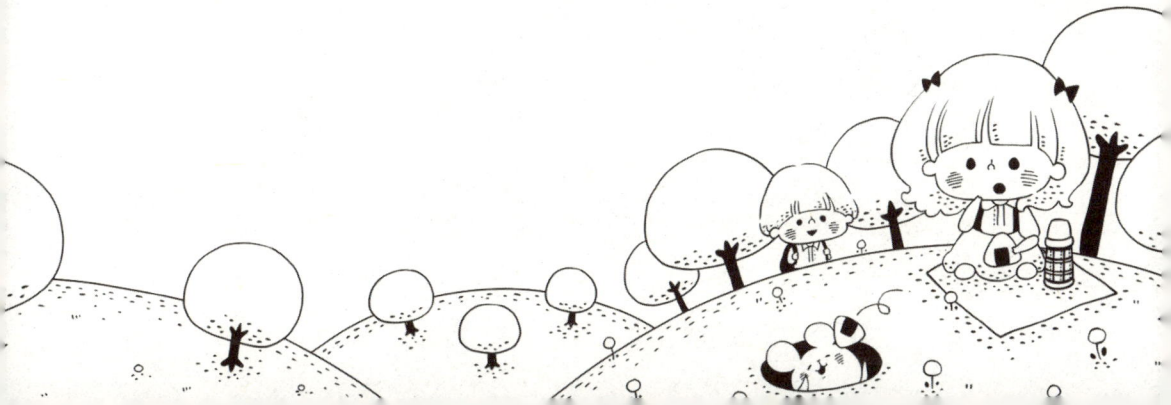

我习惯地抬头看瓜：下面最小的那一个早已停止生长，孤零零地悬在空中，似乎一点分量都没有；上面老太太窗台上那两个大的，似乎长得更大了，威武雄壮地压在窗台上；中间的那一个却不见了。我看看地上，没有看到掉下来的瓜。等我倒退几步抬头再看时，却看到那一个我认为失踪了的瓜，平着身子躺在抗震加固时筑上的紧靠楼墙凸出的一个台子上。这真让我大吃一惊。这样一个原来垂直悬在空中的瓜怎么忽然平身躺在那里了呢？这个凸出的台子无论是从上面还是从下面都是无法上去的，决

不会有人把丝瓜摆平的。

　　我百思不得其解，徘徊在丝瓜下面，像达摩老祖一样，面壁参禅。我仿佛觉得这棵丝瓜有了思想，它能考虑问题，而且还有行动，它能让无法承担重量的瓜停止生长；它能给处在有利地形的大瓜找到承担重量的地方，给这样的瓜特殊待遇，让它们疯狂地长；它能让悬垂的瓜平身躺下。如果不是这样的话，无论如何也无法解释我上面谈到的现象。但是，如果真是这样的话，又实在令人难以置信：丝瓜用什么来思想呢？丝瓜靠什么来指导自己的行动呢？上下数千年，纵横几万里，从来也没有人说过，丝瓜会有思想。我左考虑，右考虑，越考虑越糊涂。我无法同丝瓜对话，这是一个沉默的奇迹。瓜秧仿佛成了一根神秘的绳子，绿叶上照旧浓翠扑人眉宇。我站在丝瓜下面，陷入梦幻。而丝瓜则似乎心中有数，无言静观，它怡然泰然悠然坦然，仿佛含笑面对秋阳。

5

　　同学们有没有兴趣一起来找一找，文章里你觉得写得很不错的词句呢？如果读完一遍，体会不深，可以再反复品读，相信你一定能找出一些好词好句。

想一想

　　读了《神奇的丝瓜》这篇文章后，是不是觉得汉语似乎有种神奇的魅力？同一句话用不同的语言表达出来，效果可真不一样啊。如果写作时，我们能把平时学到的语言词汇运用得贴切通畅，那在作文上可说是迈出了坚实的一大步。我们磨枪上阵，来想一想，下面两篇作文有什么差异呢？小豆丁抢先圈出了两处自己觉得写得不好的地方，你也来找找茬吧！

写字的乐趣

　　暑假里，妈妈带我去兴趣班练字，我可真没想到，书法老师竟然说要练两个小时的字。写字本来就很没趣，现在又要练两小时，而且天气热得让人受不了，我怎么能吃得消？想到这些，我就觉得头疼。

　　开始练字时，我一点儿也不认真，总是开小差，还时不时抱怨一下，甚至发脾气，所以字写得好丑，越来越觉得写字太苦。哎！何时是个头呀？

6

就这样在妈妈的一再逼迫下，我硬着头皮坚持了一个月。一天，几个同学到我家来玩，发现我写的钢笔字，都说我比以前写得好了。我也不由得仔细看起来。呀！自己写的字比以前干净很多，行与行、竖与竖对齐，让人觉得和以前大不相同。于是我装作很随意的样子拿给妈妈看，她吃惊得张大嘴巴半天说不出话，随后摸着我的头，跷起她的大拇指表扬我，我开心地笑了。

没想到坚持了一个月，字写得漂亮了，同时也得到了妈妈的表扬，我觉得以前练字时受的苦都值了。

原来写字也有乐趣，只有付出之后才能体会到的。现在我写字时，总是能体会到很多快乐。

7

写字的乐趣

暑假里，妈妈带我去兴趣班练字，当书法老师说要连续练习两个小时，我不禁大吃一惊。写字本来就枯燥无味，现在又要练两个小时，而且天气这么热，我怎么吃得消？想到这些，我仿佛觉得自己掉进了茫茫苦海，连岸都看不到啊！

开始练字时，我总是心不在焉，不是抱怨天气太热，就是对着手中不听使唤的笔发小脾气，结果呢，一个个字也是愁眉苦脸的，非常难看。我越来越觉得写字太苦，哎！何时是个头呀？

在妈妈的逼迫下，我无可奈何地坚持了一个月。

　　一天，有几位同学来我家玩耍，无意中发现了我的钢笔字作品，都啧啧称羡。我也不由得仔细端详：呀！我写的字比以前写的确实好看很多了。行与行、竖与竖对得整整齐齐的，给人耳目一新的感觉。于是我装作不经意地递给妈妈看，她惊讶得张大嘴巴半天说不出话，随后摸着我的小脑袋，跷起大拇指夸奖我，我开心地笑了。

　　没想到坚持了一个月，不仅字写得漂亮了，同时也得到了妈妈的称赞，我觉得之前练字所经历的痛苦都是值得的。

　　原来写字也有乐趣，但必须在付出之后才能体会到。现在我写字，再也不觉得苦了。相反，我还感觉乐在其中，其乐无穷呢！

写一写

上课啦！老师请每位同学认真听听以下的这10句话，并根据语境、运用自己学过的好词语，又快又好地把句子书写下来。每句话有1分钟的时间来完成，请特别注意句子中画框部分的修改。

例：

老师说： 妈妈 烧好了 一顿 很好吃的 晚饭，我开心地 吃 着。

我来写： 妈妈准备了一顿丰盛的晚餐，我开心地享用着。

1.老师说： 如果事情到了这个样子，就 没法子 了。

我来写：_____

2.老师说：我 肚子饿死了，看到饭桌上这些 好吃的，我 好想吃 啊。

我来写：_____

10

3.老师说：晚上，下雨了，天空中星星一颗也没有了，找也找不到了。

我来写：_____

4.老师说：不一会儿，他就睡着了，鼾打得好响好响的，让我怎么睡也睡不着。

我来写：_____

5.老师说：难得出来玩一次，我还没玩够呢，就到晚上了。

我来写：_____

6.老师说：秋风越刮越厉害，黄了的树叶都落下来了。

我来写：_____

7.老师说：她们在公园里找过来找过去，却什么也没有找到。

我来写：_____

8.老师说：下雪了，我好想到外头去玩雪啊！

我来写：_____

9.老师说：妈妈叫我背书，我背不出来，被妈妈骂死了。

我来写：_____

12

10.老师说：一大早，爸爸就出去上班了。

我来写：_____

读一本好书，就如同和一个高尚的人在交谈。

——（德）歌德

现在轮到你来动笔写作文了，题目是"我最喜欢的玩具"。

评一评

作文写完了吗？小豆丁和你一样，也写了一篇《我最喜欢的玩具》，我们来看看，老师是怎么评的。

我最喜欢的
玩具

我最喜欢的玩具是一只会鸡叫的"猫"。

那是一个星期六，我们全家和悦悦妹妹一家一

你能再把这句话写得更简洁、更流畅、更少重复吗？

14

起去扬州的大明寺玩。

在上山的小路上，路两边都是卖小商品的店铺和地摊，有卖风筝的、有卖糕点的、还有卖水果的……

三个"卖"，词语重复。能不能运用学过的词语写得更丰富生动呢？

咦，哪里来的鸡叫声？我和悦悦妹妹循着声音走近一看，原来是一种会发声的玩具小猫，真奇怪啊！听卖玩具的叔叔介绍，这种会鸡叫的"小猫"是扬州这里的特色小玩具，名叫"拉猫"。我和悦悦妹妹看得入迷，一旁的悦悦爸爸早看穿了我们的心思，马上给我们每人买了一个。

不仅"看得入迷"吧？还有"听卖玩具的叔叔介绍"呢。

"买"能不能换成更好的词语？

那"拉猫"是怎么会发出鸡叫声的呢？我一手

15

拿着"拉猫"，一边好奇地问卖玩具的叔叔。听叔叔说："只要把'小猫'下面的一根线用力拉，就会发出鸡叫声。这是因为'小猫'的'肚子'是空心的，里面有空气，拉线时'肚子'里的空间缩小、变紧后，就会发出尖尖的好像鸡叫似的声音来。"

噢，原来小小的"拉猫"玩具里，竟然还藏着这样的小科学呢！

"唧唧唧、唧唧唧"，太好玩了！我和悦悦妹妹一人手里拿着一只会鸡叫的"猫"，两个人也乐得像小猫似的。

16

"卖玩具的叔叔"上文出现过了，想想办法，让词语不重复。

读一读，把"藏"改成"蕴藏"后，是不是语感更好一点？

一篇作文，语言通顺是最基本的要求，但这还不够。我们在语文课堂里学习并掌握了很多生字新词，又在课外读物里学到了不少丰富的词语，那么，更重要的是怎么运用它们了。在写作文时学会运用学过的词语来表达，非常非常重要。

《我最喜欢的玩具》是一篇很有趣的文章，但是，在遣词造句方面还存在缺点：用词不够丰富，词语重复。看，"卖小商品的店铺和地摊"，后面一连用了三个"卖"，多单调啊！有关"卖"的词语，有很多很多，有些我们都学过、见过，为什么不学着运用到作文里呢？词语最好不要反复使用，要有变化。

总之，我们要懂得一点：学习词语，是为了运用，能运用得正确、恰当就好。学了不用，是最大的浪费！词语丰富了，文章内容也就更具体生动了。

改一改

根据老师的意见，小豆丁把文章又改了一遍。你读读看，是不是好多了？如果是，那么请你把你的文章也好好改一改。

我最喜欢的玩具

小豆丁进步稿

我最喜欢的玩具是一只会发出鸡叫声的"猫"。

那是一个星期六，我们和悦悦妹妹全家一起去扬州的大明寺游玩。

上山的小路上，两边都是出售小商品的店铺和地摊：有卖风筝的、有推销糕点的、还有叫卖水果的……

咦，哪里来的鸡叫声？我和悦悦妹妹循声走近一看，原来

是一种会发声的玩具小猫，真奇怪啊！听卖玩具的叔叔介绍，这种会发出鸡叫声的"小猫"是扬州的特色玩具，名叫"拉猫"。我和悦悦妹妹看得入迷、听得入神，一旁的悦悦爸爸早看穿了我们的心思，立即给我们一人挑选了一个。

"拉猫"怎么会发出鸡叫声呢？我手里拿着"拉猫"，好奇地问那个叔叔。叔叔告诉我们，只要把"小猫"下面的一根线用力拉，就会发出鸡叫声。他说："'小猫'的'肚子'是空心的，里面注满空气，拉线时'肚子'里的空间缩小、变紧后，就会发出尖尖的好似鸡叫的声音来。"

原来小小的"拉猫"玩具里，竟然还蕴藏着这样的科学道理呢！

"唧唧唧、唧唧唧"，太有趣了！我和悦悦妹妹一人手里拿着一只会发出鸡叫声的"拉猫"，玩得不亦乐乎，就像两只快乐的小猫。

写给家长的话

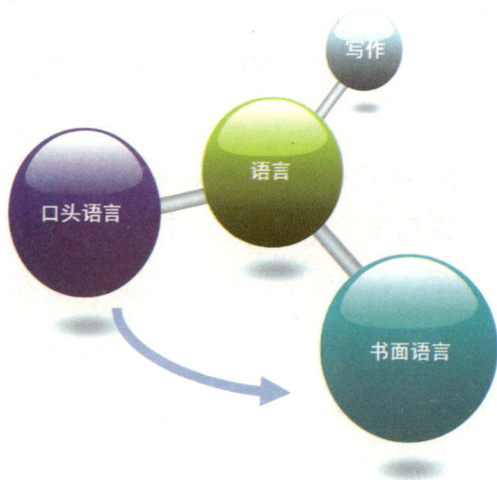

很多家长急于要孩子学会写文章，总是对孩子说："你心里怎么想的，就把它写下来。"其实，从"心里想的"到"纸上写的"，是有一段距离的。很多孩子本能地觉得把想的话照搬到作文上是不行的（比如老师很可能说你写得不好），所以反而动不了笔。

写好作文的第一步，是要让孩子学习运用语言。我们不需要从理论上、知识上让孩子来区分什么是口头语，什么是书面语，而是让孩子在实际应用中逐渐悟到写在纸上的话和嘴巴里说的话是有所不同的，先让孩子跨出这第一步。

到哪里去找好词句呢

（1 学时）

亲爱的小朋友，我们已经知道了，"写"和"说"是不一样的。为了让"写的"比"说的"更好，我们需要一些好的词句。它们就像好朋友，需要的时候就会帮助我们。可是，到哪里去找这些"好朋友"呢？

最方便的，就是你手里的语文书。语文书里的文章都是老师精心选编的，里面有很多好词好句；你也可以让爸爸妈妈带你去书店，买点写给孩子们看的好书，那里也有你的"好朋友"。找到好词句后记住：要用笔把它划下来或记下来，划下或记下之后，用它来练习造句。

还有，生活中也能找到好词好句的。老师、同学以及爸爸妈妈说的、写的，或者，就是你自己偶然想起的话，只要用得好，就是好词好句。

注意：好词好句不一定非常华丽，有些看起来很普通，但是，只要和我们所想要表达的意思非常贴切，用得恰到好处，就会让人觉得很精彩——这样的词句就是好词好句。

下面就让我们踏上寻找好词好句的旅程，去那些美好的人、事、物中游历一番。

读书给人以快乐、给人以光彩、给人以才干。
——（英）培根

23

读一读

形容词用得好，可以既准确又传神地刻画事物形态，而且能恰当地反映出写作者内心的情感。一个恰当的形容词可以让一个句子立刻变得闪亮起来！读一读下面这篇《威尼斯》感受一下吧！

威尼斯

朱自清

……

威尼斯是"海中的城"，在意大利半岛的东北角上，是一群小岛，外面一道沙堤隔开亚得利亚海。在圣马克方场的钟楼上看，团花簇锦似的东一块西一块在绿波里荡漾着。远处是水天相接，一片茫茫。这里没有什么煤烟，天空干干净净；在温和的日光中，一切都像透明的。中国人到此，仿佛在江南的水乡；夏初从欧洲北部来的，在这儿还可看见清清楚楚的春天的背影。海水那么绿，那么酽，会带你到梦中去。

威尼斯不单是明媚，在圣马克方场走走就知道。这个广场南面临着一道运河；场中偏东南便是那可以望远的钟

楼。威尼斯最热闹的地方是这儿，最华妙庄严的地方也是这

儿。……教堂里屋顶与墙壁上满是碎玻璃嵌成的画，大概是

真金色的底，蓝色或红色的圣灵像。这些像做得非常肃穆。教堂的地是用大理石铺的，颜色花样种种不同。在那种空阔阴暗的氛围中，你觉得伟丽，也觉得森严。教堂左右那两溜儿楼房，式样各别，并不对称；钟楼高三百二十二英尺，也偏在一边儿。但这两溜房子都是三层，都有许多拱门，恰与教堂的门面与圆顶相称；又都是白石造成，越衬出教堂的金碧辉煌来。教堂右边是向运河去的路，是一个小方场，本来面目显得空阔些，钟楼恰好填了这个空子。好像我们戏里的大将出场，后面一杆旗子总是偏着取势；这方场的建筑，节奏其实是和谐不过的。十八世纪意大利卡那来陀一派画家专画威尼斯的建筑，取材于这方场的很多。德国德莱司敦画院中有几张，真好。

　　……墙面上用白的与玫瑰红的大理石砌成素朴的方纹，在日光里鲜明得像少女一般。威尼斯真不愧着色的能手。这所房子从运河中看，好像在水里。下两层是玲珑的架子，上一层才是屋子；这是很巧的结构，加上那艳而雅的颜色，令人有惝恍迷离之感。府后有太息桥；从前一边是监狱，一边是法院，狱囚提讯须过这里，所以得名。拜伦诗中曾咏此，因而便脍炙人口起来，其实也只是近世的东西。

威尼斯的夜曲是很著名的。夜曲本是一种抒情的曲子，夜晚在人家窗下随便唱。可是运河里也有：晚上在圣马克方场的河边上，看见河中有红绿的纸球灯，便是唱夜曲的船。雇了"刚朵拉"摇过去，靠着那个船停下，船在水中间，两边挨次排着"刚朵拉"在微波里荡着，像是两只翅膀。唱曲的有男有女，围着一张桌子坐，轮到了便站起来唱，旁边有音乐和着。曲词自然是意大利语，意大利的语音据说是最纯粹，最清朗。听起来似乎的确斩截些，女人的尤其如此——意大利的歌女是出名的。音乐节奏繁密，声情热烈，想来是最流行的"爵士乐"。在微微摇摆的红绿灯球底下，颤着酽酽的歌喉，运河上一片朦胧的夜也似乎透出玫瑰红的样子。唱完几曲之后，船上有人跨过来，反拿着帽子收钱，多少随意。不愿意听了，还可到第二处去。这个略略像当年的秦淮河的光景，但秦淮河却热闹得多。

作者用了如此密集的形容词来描绘威尼斯的风景、建筑、音乐等，你看了后是不是觉得威尼斯很美呀？哪怕你没去这座城市，也仿佛身临其境一般。

想一想

同学们，前面读过了《威尼斯》，我们再来看看下面两篇作文，哪一篇写得更好呢？小豆丁觉得第二篇运用了不少好词好句，写得更精彩，已经把第二篇中第一段里的好词好句圈出来了。接下去想请大家帮忙，拿起笔找出你们认为的好词好句吧。

看妈妈烧菜

妈妈在厨房叫道："今晚吃干锅藕片——"我听了很高兴，跑到厨房看她开始烧菜。妈妈已经把要烧的东西准备好了。盘子里有藕片、五花肉、辣椒、蒜瓣和姜丝，虽然东西很多，但一点也不乱，看上去很好看。

只见妈妈拧开煤气，火点燃了，我被打开的火吓了一跳，没想到火会这么快烧起来。等油温正好，妈妈把辣椒、花椒和姜丝撒进锅里，它们在锅里被炒过来炒过去，

还有锅子和菜发出的响声，听着这炒菜的声音，站在一旁的我真想马上就吃上一口。接着，重头戏来了！五花肉片被放进锅里炒，肉片被切得很薄，妈妈把肉片翻了个身儿，又用锅勺压了压。肉片原本在锅里已经被妈妈炒过来炒过去，没有消停过，现在被炒得更加厉害。眼看着肉片

古之立大事者，不惟有超世之才，亦必有坚忍不拔之志。
——（宋）苏轼

宋朝

29

就这样被炒熟了，我赶紧帮妈妈把藕片放进锅里，她接着炒。然后，妈妈把调味汁浇上去，藕片、肉等等不同的香味都混在一起，飘了出来。再撒上葱，这道菜就炒好了，妈妈把它们装进了碗里。

我咽了一口大大的口水，趁着帮妈妈把菜端上桌的时候，偷偷尝了一口。哇，好辣，但真的很好吃。

看妈妈烧菜

妈妈在厨房叫道："今晚吃干锅藕片——"我一听，高兴得手舞足蹈，一溜烟跑到厨房看她烧菜。妈妈已经把食材准备好了：雪白的藕片和新鲜的五花肉整齐地摆在盘子里，像一排排士兵正接受检阅。红艳艳的辣椒、洁白晶莹的蒜瓣

和黄灿灿的姜丝搭配得美妙绝伦。

　　只见妈妈拧开煤气，火苗像一只刚熬过冬天的小松鼠，飞快地蹿了上来，着实把我吓了一跳。等油温正好，妈妈连忙把辣椒、花椒和姜丝一股脑儿撒进锅里。它们在锅里跳着欢快的舞蹈，"滋滋滋"闹作一团，站在一旁的我早已馋得垂涎三尺了。接着，重头戏来了！五花肉片被放进锅里煸炒，薄薄的肉片打成了卷儿，妈妈把肉

31

片翻了个身儿，又用锅勺压了压。肉片原本正在做"仰卧起坐"，这会儿像得到了命令似的，又开始做起了"俯卧撑"，真是一群精力旺盛的家伙。我赶紧帮妈妈把藕片放进锅里，她接着翻炒。然后，妈妈把调味汁浇上去，一阵阵诱人的香味融为一体，就像一群调皮的精灵，在魔法师的指挥下，乖乖地聚集在一起。最后再撒上碧绿的葱段，这道菜就大功告成了。

　　我情不自禁地咕噜咽了一口口水，趁着帮妈妈把菜端上桌的时候，偷偷尝了一口。哇，我被辣得眼泪直流，但仍忍不住跷起大拇指，味道真是好极了！

写一写

根据下列提示，写出相应的好词好句。

【例】

描写山峰很高很多：（崇山峻岭）（层峦叠嶂）（连绵起伏）

1．描写声音很响很美：

（　　　　）（　　　　　）（　　　　　）

2．描写走得很快很急：

（　　　　）（　　　　　）（　　　　　）

3．描写走得很慢很轻：

（　　　　）（　　　　　）（　　　　　）

4．描写颜色很亮很丰富：

（　　　　）（　　　　　）（　　　　　）

5．找含有动物名的成语：

（　　　　）（　　　　　）（　　　　　）

6．找描写星空的词语：

（　　　　）（　　　　　）（　　　　　）

33

【例】

母亲（掏）出一张破旧的钞票，递到我手里。

这一句中的"掏"用得确切，因为母亲钱不多，所以用"掏"，不用"拿"。

7．母亲把自己省下的钱（　　）到我手里，
说："好好读书，妈等你好消息。"

8．我鼻子一酸，含着眼泪，紧紧（　　）着
妈妈珍藏的钱，跑了出去。

9．那天，母亲又数落了我几句，最后，还是
（　　）了我够买一本书的钱。

和同学们一起来玩接龙游戏吧：

10．成语接龙：

一往无前→前所未有→（　　）→
（　　）→（　　）→（　　）

好，现在轮到你来
动笔写作文了，题目是
"风铃"。

34

评一评

小豆丁和你一样，也写了一篇《风铃》，我们来看看，老师是怎么评的。

风铃

"丁零零！"一阵微风吹过，熟悉的声音再次响起，那是风铃在摇晃。

瞧，它正挂在我的床头呢。首先看到的，是一只透明的、水蓝色的，随时准备飞起来的海鸥。海鸥下面悬挂着一颗晶莹剔透的珍珠，珍珠的四周围绕着数根银光闪闪的金属小棒，轻轻一碰，风铃便发出动听的声音，海鸥也随之摇晃起来，好像正飞翔在蔚蓝的天空中。海鸥是坚强的象征，而那淡雅的蓝色，是纯洁与和

想一想，风铃摇晃发出的声音像什么？

"看到"太平淡了，有没有更好的词来替代？

能否找到更形象的词语来表现海鸥起飞时的样子？

如能在"动听"前加一个模拟声音的词会更好。

35

平的标志，配上这风铃独特的碰撞声，让人觉得很舒服。

这串风铃已陪伴了我无数个日日夜夜。它天天目送我去上学，又欢唱着迎接放学回家疲惫的我。每当我看见它，就仿佛看见了平静的海面，一只只海鸥飞翔在大海的上空，一朵朵浪花在它们的胸脯下飞溅；每当我听到风铃的声音时，总会感觉自己身处一片树林，听树叶随风作响，听小鸟在枝头歌唱。我深深地陶醉了，陶醉在自己的世界里……

风铃，它给了我坚强的毅力和纯洁的心灵，更给予了我无限的快乐。

36

前面已经出现过这个词了，找一个近义词把它换了。

"的"字前面能否加一个形容风铃声音的形容词？

用"赋予"来代替"给"是不是更有表现力？

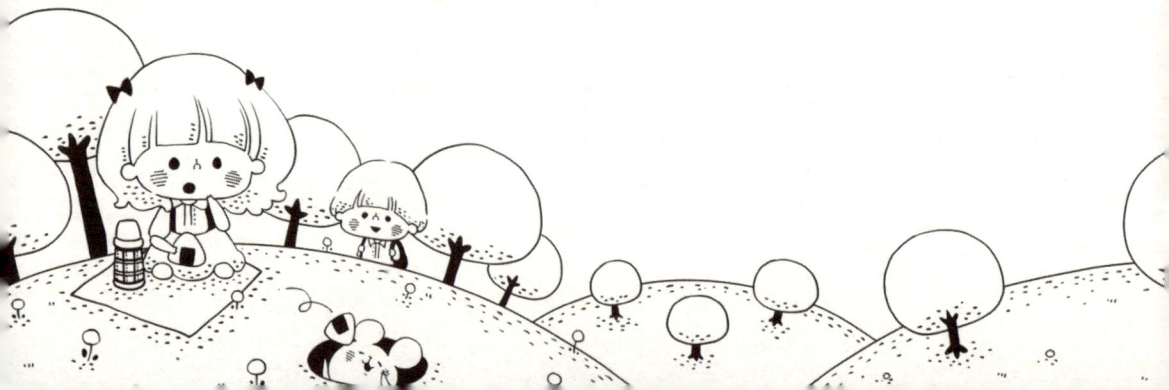

在我们的语文书、课外读物中，总能看到很多的好词好句，因此，我们在阅读时要做有心人，把这些好词好句划出来、记下来。其实，很多小朋友已经这样做了。但是，这还远远不够，我们还要学着把这些好词好句运用到作文中来。

《风铃》写得很生动，小作者的观察很细致，且富有想象力，感情也很真挚。但是在语言的表达上就显得过于平淡、单调了，缺乏表现力。比如，写风铃的声音，其实，这可以用很多好词来形容，我相信小朋友也见过不少这方面的词句。

既然我们可以甚至已经找到了不少的好词好句，我们何不把它用到作文中来呢？当然，要用得准确、贴切，这样才能让我们的作文更精彩。

改一改

根据老师的意见，小豆丁把文章又改了一遍。你读读看，是不是好多了？如果是，那么请你把你的文章也好好改一改。

风铃

小豆丁进步奖一

"丁零零！"一阵微风吹过，熟悉的声音再次响起，那是风铃在歌唱。

瞧，它正挂在我的床头呢。首先映入眼帘的，是一只透明的、水蓝色的，随时准备展翅飞翔的海鸥。海鸥下面悬挂着一颗晶莹剔透的珍珠，珍珠的四周围绕着数根银光闪闪的金属小棒，轻轻一碰，风铃便发出叮叮咚咚的动听声音，海鸥也随之摇晃起来，好像正翱翔在蔚蓝的天空中。海鸥是坚强的象征，而那淡雅的蓝色，是纯洁与和平的标志，配上这风铃独特的碰撞声，让人觉得很舒服。

这串风铃已陪伴了我无数个日日夜夜。它摇晃着身子唱着歌

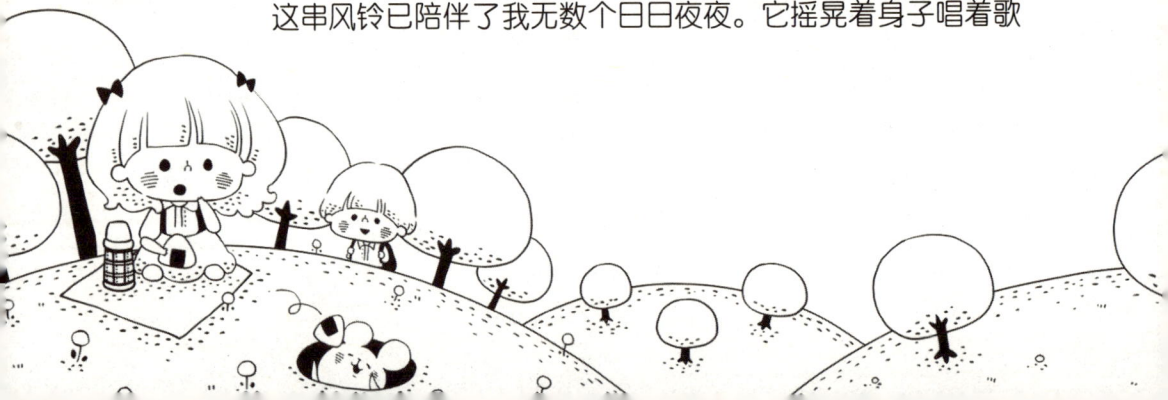

欢送我上学，又热情地迎接放学回家疲惫的我。每当我看见它，就仿佛看见了平静的海面，一只只海鸥滑翔在大海的上空，一朵朵浪花在它们的胸脯下飞溅；每当我听到风铃清脆悦耳的声音时，总会感觉自己身处一片树林，听树叶随风作响，听小鸟在枝头歌唱。我深深地陶醉了，陶醉在自己的世界里……

　　风铃，它赋予了我坚强的毅力和纯洁的心灵，更给予了我无限的快乐。

一个能思想的人，才真是一个力量无边的人。
　　　　——（法国）巴尔扎克

写给家长的话

　　刚开始学习运用书面语言时，积累一些书面语的材料，也就是我们平时说的好词好句，是很重要的。我们提倡让孩子仔细观察、用心思考、努力发现、真诚表达，但孩子的"语料库"有限，有时想表达也很难表达好。因此，要让孩子对好的语言表达有感觉，首先，我们可以通过圈划好词好句的形式，学习别人是如何准确、妥帖、生动地描绘事物和表达感情的。孩子刚开始可能不太会找，家长可以适当给予帮助。其次，把这些好词好句积累起来，扩大孩子的"语料库"。准备一本记好词好句的小本子是个不错的办法（本子最好是漂亮精致的，孩子会更喜欢）。再次，用造句等形式让孩子学习如何来使用它。

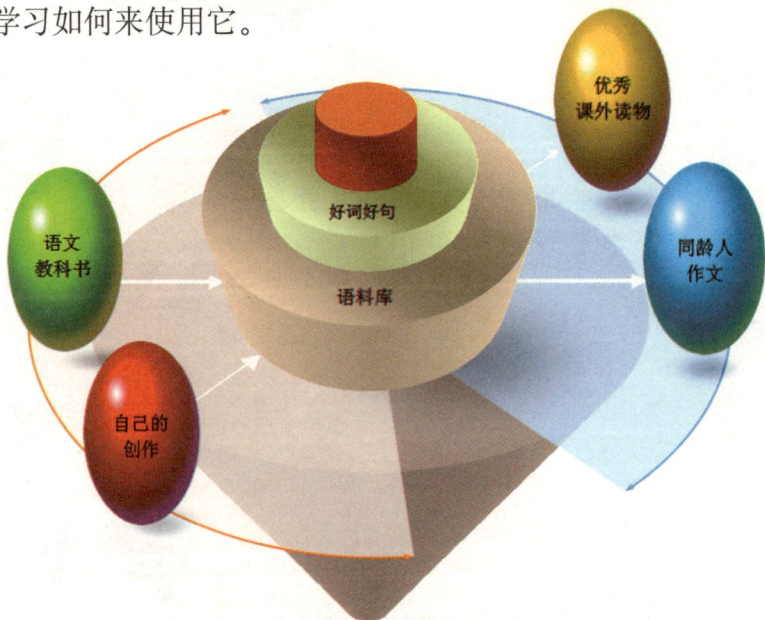

优秀课外读物

好词好句

语料库

语文教科书

同龄人作文

自己的创作

［第三单元］

多找些动词做朋友

（2 学时）

　　小朋友们，上一单元我们知道了，用一些好词好句会让我们的作文更加精彩。那么，什么样的词句是好词好句呢？很多时候，我们会认为好词好句就是那些美好的形容词，比如"亮丽""洒脱""清新"，尤其是那些有着丰富涵义的成语，如"花枝招展""难以置信""杯弓蛇影"等等。看到这样一些词句，我们常常会把它们记到笔记本上，用到自己的作文里。这些形容词和成语当然是好词好句，但是，还有另外一种更加重要的"好词好句"——动词。

　　我们在积累好词好句的时候，要多找些动词做朋友。动词的家族非常庞大，一个动词往往有很多"亲朋好友"。比如，表示"看"这个动作，既有单音动词"瞧""盯""眺""瞟""瞄""瞪""瞥"等，又有双音动词"注视""凝视""巡视""环视""俯视""仰视""眺望""鸟瞰""瞻仰""参观"等。单音动词和双音动词都有它们的用处，我们既要善于运用单音动词，更要善于运用双音动词。在写作中多用双音动词，作文语言往往活泼生动、丰富多彩。

动词是谁发出的"动作"呢？当然可以是人，是动物，甚至那些我们常人看来没有生命的物体在一些优秀作者的笔下也是有思想和情感的，也可以像人和动物一样做出各种不同的动作。这需要我们平时认真观察事物，构思时充分调动自己的想象，写作时仔细比较选择。先想想你印象中的小松鼠，然后看看法国作家布丰用了哪些动词来描摹小松鼠的各种可爱的动作和神态。

松 鼠

布 丰

松鼠是一种漂亮的小动物，驯良，乖巧，很讨人喜欢。

它们面容清秀，眼睛闪闪有光，身体矫健，四肢轻快，非常敏捷，非常机警。玲珑的小面孔，衬上一条帽缨形的美丽的尾巴，显得格外漂亮；尾巴老是翘起来，一直翘到头上，身子就躲在尾巴底下歇凉。它们常常直竖着身子坐着，像人们用手一样，用前爪往嘴里送东西吃。可以说，松鼠最

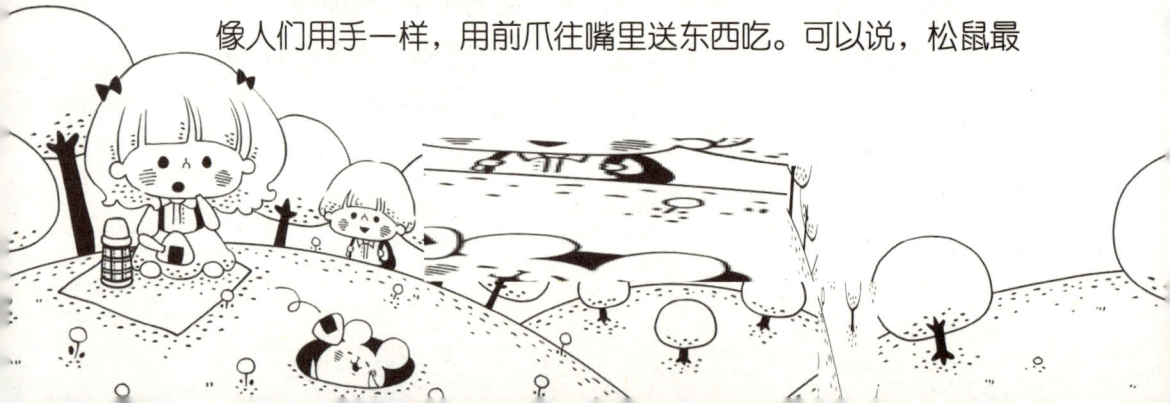

不像四足兽了。

　　松鼠不躲藏在地底下，经常在高处活动，像鸟类似的住在树上，满树林里跑，从这棵树跳到那棵树。它们在树上做窝，摘果实，喝露水，只有树被风刮得太厉害了，才到地上来。在田野里，在平原地区，是找不到松鼠的。它们从来不接近人的住宅，也不呆在小树丛里，它们只喜欢大的树木，住在高大的树上。在晴明的夏夜，可以听到松鼠在树上跳着叫着，互相追逐的声音。它们好像很怕强烈的日光，白天躲在窝里歇凉，晚上出来练跑，玩耍，吃东西。它们虽然也捕捉鸟雀，却不是肉食兽类，常吃的是杏仁、榛子、榉实和橡栗。

　　松鼠不敢下水。有人说，松鼠过水的时候，用一块树皮当作船，用自己的尾巴当作帆和舵。松鼠不像山鼠那样一到

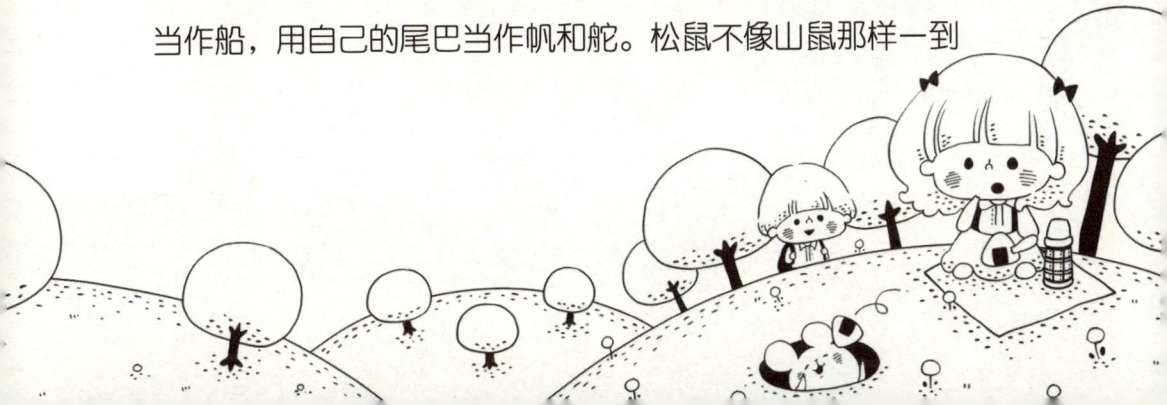

冬天就蛰伏不动，它们是十分警觉的，只要有人稍微在树根上触动一下，它们就从窝里跑出来，躲在树枝底下，或者逃到别的树上去。松鼠跑跳轻快极了，总是小跳着前进，有时也连蹦带跳。它们的爪子是那样锐利，动作是那样敏捷，一棵很光滑的高树，一忽儿就爬上去了。松鼠的叫声很响亮，比黄鼠狼的叫声还要尖些。要是被人家惹恼了，还会发出一种不高兴的恨恨声。

　　松鼠的窝通常搭在树枝分叉的地方，又干净又暖和。它们搭窝的时候，先搬些小木片，错杂着放在一起，再用一些干苔藓编扎起来；然后把苔藓挤紧，踏平，使那建筑物既宽广又坚实，可以带着儿女住在里面，既舒适又安全。窝口朝上，端端正正，很狭窄，

46

勉强可以进出；窝口上有一个圆锥形的盖，把整个窝遮蔽起来，可以使雨水向四周流去，不落在窝里。

　　同学们有，你们觉得文章里哪几个动词用得最好？如果是你来写会用哪些动词呢？

善于利用零星时间的人，才会做出更大的成绩来。
　　　　——（中国）华罗庚

47

想一想

以下两篇作文都是写吃美味大闸蟹的，小豆丁看得食指大动了呢！不过小豆丁觉得第二篇的动词运用得更丰富自如，忍不住圈出了一些。同学们是不是也想来试试，圈一圈你认为还不错的动词呢？

我爱吃大闸蟹

我最爱吃大闸蟹，它不仅长得特别，而且吃起来好吃。

大闸蟹未熟之前，还是灰绿色，一点儿也不起眼。可熟了后，立即变得油光发亮，红通通的，再看里面都是乳白色的肉，更加诱人。

我爱吃它的主要原因，是大闸蟹那鲜美的味道。去掉壳，去掉蟹眉毛，吃上一口蟹肉，你会感觉仿佛来到了天堂，那肉令我回味无穷。再吃上一口蟹黄，啊！那鲜美的黄比肉更好吃！

吃大闸蟹也是有讲究的。你得先把蟹身上的壳和垃圾

48

去掉；再用牙签吃肉；接着把蟹中间的黄再吃掉；然后把蟹脚上的肉吃掉；最后，把剩下的肉吃完。

大闸蟹的味道让人欲罢不能，吃了它，真是一种享受。

我爱吃大闸蟹

我最爱吃大闸蟹，它不仅看上去特别有味道，而且吃起来更加鲜美，每次都馋得我直流口水。

大闸蟹未烧熟之前，还是灰绿色的，一点儿也不起眼。可一经烹饪，立即就变得油光发亮，红通通的。再扒开蟹壳瞧瞧里面，全是乳白色的肉，愈发诱人了。

我爱吃它的主要原因，是大闸蟹那藏也藏不住的鲜。硬壳一拗、一剥，蟹眉毛一捏、一拔，蟹肉一剔、一咬，你

49

便感觉仿佛来到了天堂，那滋味令人回味无穷。再对着蟹黄一夹、一吸，啊，这黄的滋味比肉更过瘾。

品尝大闸蟹也是有讲究的。你得先把蟹身上的壳细致地拆掉，"垃圾"逐一去除；再用牙签或别的什么尖细的工具将蟹钳里的肉一戳、一挑、一吸；接着挖出蟹中间的黄细嚼慢咽；然后吮出蟹脚上的肉；最后，留下蟹身肉尽情享用。

大闸蟹的味道让人欲罢不能，慢慢地品味它，真是一种享受啊！

写一写

请根据提示完成下列10道题，和小伙伴们比一比，看看谁写得又多又好！

1. 找出表示"看"的单音动词：【例：瞧】

(   ) (   ) (   ) (   ) (   )

2. 找出表示"看"的双音动词：【例：注视】

(   ) (   ) (   ) (   ) (   )

3. 找出表示"走"的单音动词：【例：行】

(   ) (   ) (   ) (   ) (   )

4. 找出表示"走"的双音动词：【例：漫步】

(   ) (   ) (   ) (   ) (   )

5. 找出表示"说"的单音动词：【例：讲】

(   ) (   ) (   ) (   ) (   )

6. 找出表示"说"的双音动词：【例：谈论】

(   ) (   ) (   ) (   ) (   )

51

7. 找出表示"表扬"的动词：【例：赞美】

( ) ( ) ( ) ( ) ( )

8. 找出表示"批评"的动词：【例：责备】

( ) ( ) ( ) ( ) ( )

9. 找出表示动作很快的动词：【例：飞奔】

( ) ( ) ( ) ( ) ( )

10. 找出表示动作很慢的动词：【例：挪动】

( ) ( ) ( ) ( ) ( )

现在轮到你来动笔写作文了，题目是"我亲手___"。

评一评

作文写完了吗？小豆丁和你一样，写了一篇《我亲手摘枣 》，我们来看看，老师是怎么评的。

我亲手摘枣

烈日炎炎，太阳当空，姥姥家的大枣树也尽情地享受着这天然的氧吧，结出了一个个光滑圆润的枣子，在阳光的照射下显得更加饱满。

一听说枣子熟了，我再也按捺不住兴奋，来到了姥姥家。

一进家门，我便直奔天井，只见一棵碗口粗大的枣树密集的枝条遮住了整个天井，如同一张天然绿色的遮阳棚。我找到了一把梯子，飞快地爬上了围墙。

仔细想想自己爬梯子的动作，把它具体地写出来。

53

站在屋顶上，原来蓝蓝的天空被那绿色的枝叶，遮得密不透风，放眼仰望，如同一片绿色的海洋，满天的红枣在我的头顶上方悬挂着，令人馋涎欲滴，于是我伸出了手，一个鲜红的大枣便成为了我的囊中之物。为了可以摘到更多的枣子，我用力攀上了一根粗壮的枝干，只见一个个沉甸甸、满盈盈的大红枣，挺着圆滚滚的身姿，把一根根纤细的枝条压得直不起腰来。看着数不胜数的枣，我干脆坐在枝干上，一边摘一边吃，别提有多快活了。没过多久，我那干瘪的小肚皮，就被这一个个滚圆的枣给填满喽！玩累了，我想，将那些没有吃完的大枣

想一想，用什么动词，把摘枣子的动作写完整。

怎么攀的？

54

用大麻袋装起来吧，让大伙们都来
尝鲜，我还要自豪地告诉大家：
"这可是我亲手摘的哦！"

　　一下树，我二话不说，提着沉
甸甸的枣子，来到了邻居的家中，
捧着红彤彤的鲜枣递给了大伯，抓
一把送给满脸笑容的阿婆，再给流
着口水的妹妹……就这样，枣子的
清香和欢笑充满了整个村庄。

　　整个夜晚，枣
树在夜里静静的，
仍在挥舞着它那碧
绿的枝条。

55

汉朝

少而好学，如日出之阳；壮
而好学，如日中之光；老而
好学，如炳烛之明。
　　　　　——（汉朝）刘向

　　小朋友，你的词语摘抄本里一定已经有了不少的好词好句了吧？当你读着那些美好的形容词，优美的语句时，一定很享受吧？然而，你有没有发现其中少了点什么？对了，那就是动词。

　　《我亲手摘枣》这篇文章写摘枣的过程很细致，也用了不少的动词来表现，比如"奔""遮""找""爬""站""伸""攀""提""捧""抓"等等。然而仔细读来，总觉得缺了些相关动作的具体描写，如："我找到了一把梯子，飞快地爬上了围墙""于是我伸出了手，一个鲜红的大枣便成为了我的囊中之物""为了可以摘到更多的枣子，我用力攀上了一根粗壮的枝干"，这里爬梯子的动作、摘枣的动作以及爬树的动作都可以写得再具体些，不信我们来改一改，再读一读，文章是不是更生动、更有趣了呢？

根据老师的意见，小豆丁把文章又改了一遍。你读读看，是不是好多了？如果是，那么请你把你的文章也好好改一改。

我亲手摘枣

烈日炎炎，太阳当空，姥姥家的大枣树也尽情地享受着这天然的氧吧，结出了一个个光滑圆润的枣子，在阳光的照射下显得格外饱满。

一听说枣子熟了，我再也按捺不住兴奋，来到了姥姥家。

一进家门，我便直奔天井，只见一棵碗口粗大的枣树的密集的枝条遮住了整个天井，如同一张天然绿色的遮阳棚。我找到了一把梯子，只见我一蹬、一拉、一踩，再用力一跨便爬上了围墙。站在屋顶上放眼仰望，原来蓝蓝的天空被那绿色的枝叶，遮得密不透风，如同一片绿色的海洋，满天的红枣在我的头顶上方悬挂着，令人馋涎欲滴，于是我便把手一伸、一拽，一个鲜红的大枣便成为了我的囊中之物。为了可以摘到更多的枣子，我用力一跳，双手一抱，就攀上了一根粗壮的枝干，只见一个个沉甸甸的大红枣，挺着圆滚滚的身姿，把一根根纤细的枝条压得直不起腰来。看着数不胜数的枣，我干脆坐在枝干上，一边摘一边吃，别提有

57

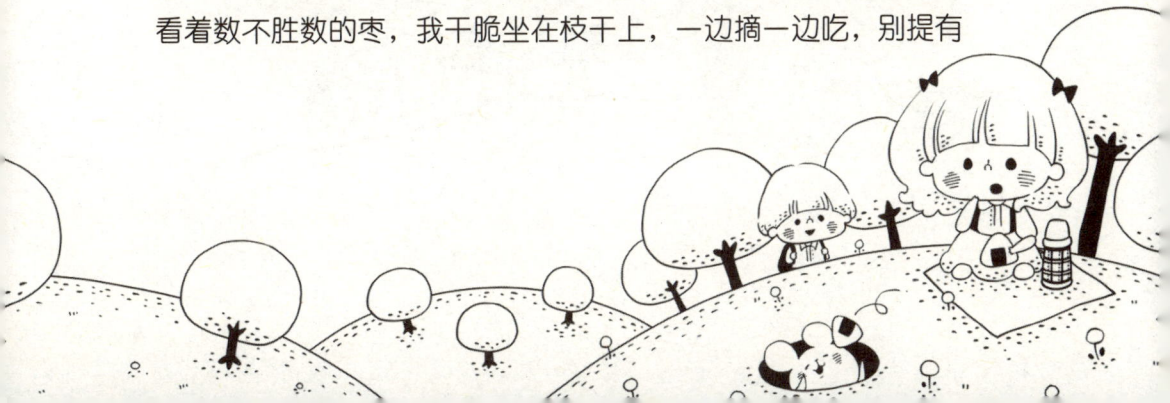

多快活了。没过多久，我那干瘪的小肚皮就被这一个个滚圆的枣给填满喽！玩累了，我想，将那些没有吃完的大枣用大麻袋装起来吧，让大伙们都来尝尝鲜，我还要自豪地告诉大家："这可是我亲手摘的哦！"

一下树，我二话不说，提着沉甸甸的枣子，来到了邻居的家中，双手捧着红彤彤的鲜枣递给了大伯，抓一把送给满脸笑容的阿婆，再给流着口水的妹妹……就这样，枣子的清香和欢笑充满了整个村庄。

整个夜晚，枣树在那里静静的，仍在挥舞着它那碧绿的枝条。

写给家长的话

　　孩子在积累好词好句的时候，如果只把眼睛盯在形容词和成语上，忽视增强作文表现力更重要的一项内容——动词，往往就失之偏颇了。所以，家长要特别注意孩子对动词的积累。动词灵活多变，构成丰富，有单音动词、双音动词和多音动词。鉴于小学低年级学生的学习特点，我们主要帮助他们积累单音动词和双音动词。

　　而在写作中，双音动词的作用尤为重要，它往往使得作文语言更加丰富灵动。

　　在平时生活中，您可以注意孩子的动作，和孩子一起用好的动词或者用几个不同的动词来说出这个动作；阅读中，您可以有意识地提醒孩子多关注双音动词，留意作者是怎样使用的，并作适当的摘抄。在指导孩子写作时，也可以让孩子多用双音动词，在孩子使用单音动词的地方，提醒他们思考是否可以用双音动词来代替，并让孩子看到双音动词使用后的效果。让孩子在比较中，更好地辨别动词词义，学会选择适当的、更有表现力的动词。

成语

名词

形容词

双音动词

单音动词

动词

副词

好词好句

用"搭积木"的方法来写作

（2 学时）

　　小朋友们，现在你们的笔记本里已经摘抄了不少好词好句吧！对这些好词好句你们有多熟悉呢？有些小朋友会说：很熟悉啦，都已经会背会默写了。做到这样真的很棒！不过会背会默写是一回事，能不能自然地运用到自己的作文里，又是另外一回事了。我们学过的词语，包括自己读到的和老师在课堂上教的，最后都应该能够成为我们自己作文里的一部分；而不是，学到的词语和写在作文里的词语是两个世界，互不搭界。这样就白学了，太浪费啦！所以，我们要有意识地、自觉地把学过的词语用起来。

　　怎么样才能把学过的词语都用起来呢？有一个好方法，就是"搭积木"。我们都搭过积木，把一块块颜色不同、形状各异的积木垒起来，搭成一幢房子或者一棵树。其实，写作文也是一样，把一个个名词、动词、形容词、副词、关联词等"搭"起来，就成了一个句子；把一个个句子"搭"起来，就成了一段话；再把一段段话"搭"起来，就成了一篇作文了。所以，我们在写作文时，要注意尽量多地使用不同的词汇，使我们学到的词语都能发挥作用。

读一读

同学们，做过连词成句的游戏吗？例如能将"他""树上""回家"几个词连成一个句子吗？再如何扩成一个语段或者写成一篇短文呢？要学会使用相似联想。如果要你用"母亲""康乃馨"等词语来写一篇文章，你会联想到什么人，哪些事？你该怎样选用一些典型的形容词、动词呢？

梦中的康乃馨

金波

经常梦见后园里开满了康乃馨，春夏之交，来得尤其明丽灿烂。

蜜蜂天天飞来，嘤嘤嗡嗡唱着花的颂歌。

蝴蝶是寂寞的，落在花心上，就酿成了一本小小的画册，一开一合，翻动着书页，好像是特地为花儿阅读的。

我还梦见母亲从花丛里走出来。

秋天来了，树叶凋落，黄叶纷飞。然而，我还是经常梦

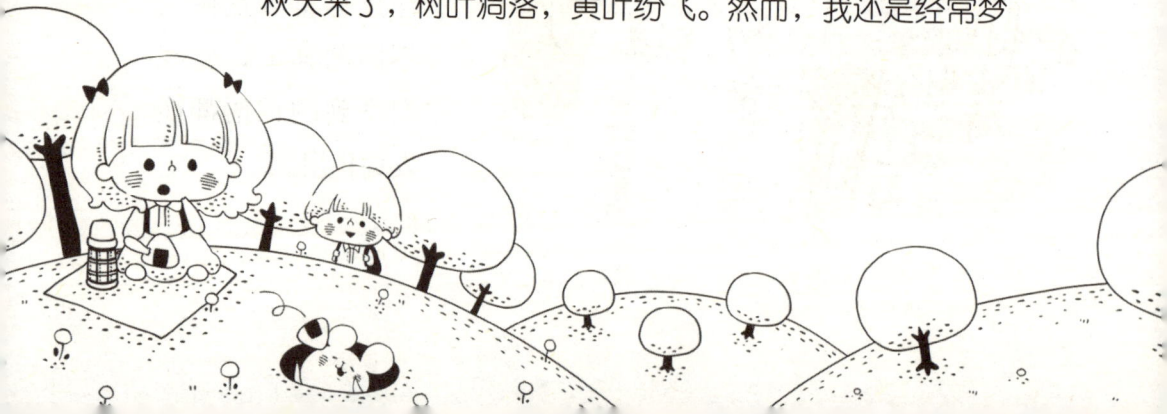

见后园里盛开着康乃馨，它们变成了清一色的白颜色。

不见了蜜蜂和蝴蝶，康乃馨有些寂寞吧！

母亲仍站在花丛里。她说，她来看望她手植的康乃馨。

母亲一走进花丛，那些花儿就手舞足蹈，像见了亲人。

母亲也是康乃馨的母亲。

当窗外飘起雪花的时候，我仍常常梦见康乃馨，那花朵是清一色的火红色。

我看见梦中的自己，我还是一个孩子。我满身披着雪花。我站成了一个雪人。

我正在等待着我的母亲。

然而，她没有来。

我已经站成了一个雪人，母亲仍没有来。

我忽然想起，母亲就是在下雪的日子里走的。她永远地走了，不再回来。

然而，这满园的红色康乃馨不会凋落，而且散发着温暖的气息。雪花落在花瓣上，就融化成了亮亮的露珠。

我满身披着雪花，并不感到冷，因为我在等待着母亲。

梦醒。我看见母亲遗像前的康乃馨盛开着，有粉色、白色、红色……

母亲透过花丛，向我微笑着。

窗外又飘起了雪花。

看看文中在构筑成篇时运用了哪些的动词和形容词。

生活得最有意义的人，并不就是年岁活得最久的人，而是对生活最有感受的人。

——（法国）卢梭

想一想

通过学习本单元的"读一读"，小豆丁知道了，写作文的时候，可以运用名词、动词、形容词、副词、连词等各种学过的词语将句子连接起来，组织成一篇好作文。读了下面的文章，你一定能分辨出哪一篇的"积木""搭"得更好。

请在作文中运用以下词语：

顿时、绿意盎然、既……又……、缀满、衬托、不甘示弱、原来、每当……时

校园一角

校园的植物角绿意盎然。各种不同的绿色，有墨绿、深绿、淡绿、浅绿……它们缀满了整个植物角。

在校园的紫藤架上有一串串墨绿色的紫藤叶，绽放着芳华，一旁淡绿的小野花是它的衬托。

对面枝繁叶茂的橘子树，树叶长得绿油油的。哟，你看呀，那是谁？是一只只可爱的小橘子扒开了深绿色的叶

67

子，探出了圆溜溜的小脑袋，这让深绿色的叶子看上去活泼了点。但是，小橘子长出来了，引得人们想要摘它。

让我再把藤架下这位亭亭玉立的白玉兰"小姐"介绍给你吧！她的叶子分成深绿和浅绿。可惜的是，美丽的白玉兰花盛开了，它的叶子就不那么茂盛了。

校园一角

走进校园的植物角，眼前顿时出现了深浅不一的绿，把我们的校园打扮得绿意盎然。既有墨绿的叶、青绿的茎、碧绿的藤，又有浅绿的花、嫩绿的果……

在校园的紫藤架上，缀满了一串串墨绿色的紫藤叶。一旁淡绿的小野花更加衬托出紫藤叶那成熟的王者风范。

对面枝繁叶茂的橘子树，也不甘示弱地吐露绿意，在树顶撑起翠绿的华盖。哟，你看呀，那是谁？原来是一只只

可爱的鲜绿小橘子扒开了深绿色的叶子，探出了圆溜溜的小脑袋，为这深绿色的叶子平添了几分活泼。但是，小橘子们的举动，却引来了一双双贼溜溜的大眼睛，恨不能摘之而后快。

藤架下这位亭亭玉立的白玉兰"小姐"看得笑弯了腰。她优雅地披上深深浅浅的绿叶子坎肩，朝我们招招手。可惜的是，每当美丽的白玉兰花盛开时，叶子便不再那么茂盛了。

写一写

请把下面词语连成一段话。

例：依然，驱使，究竟——

我发现书房里的灯依然亮着，好奇心驱使我蹑手蹑脚走到门口，轻轻推开虚掩的门，探个究竟。

1．健步，复杂，然而——

2．耳语，逃之夭夭，呆若木鸡——

3．陡峭，巍然屹立，既然——

4．慈祥，饱经风霜，一幅——

5．虽然，健步如飞，灿烂——

把下面词语连成一段话，描写不同的景色：

例：翠绿，若隐若现，轻轻——

除夕的早晨，我轻轻推开窗，啊，下雪啦。雪花调皮地从天空飞下来，把翠绿的树叶变得雪白雪白，真是白茫茫一片。雪微笑着，像同桌在扮鬼脸，若隐若现的，真淘气。可是，不一会儿，雪停了。

6．傍晚，燃烧，弥漫——

7．春光明媚，潺潺，一望无际——

8．枯黄，欢唱，连绵起伏——

9．尽管，风和日丽，仿佛——

10．寒冬，傲雪，银装素裹——

现在轮到你来动笔写作文了，

题目是"我喜欢_____"。

同学们，作文写完了吗？小豆丁也写了一篇《我喜欢洗澡》，我们来看看，老师是怎么评的。

我喜欢
洗澡

我经常十分苦恼，因为母亲总是在我耳边唠叨："赶快去吃饭，赶快去写作业，赶快去……"这时，我就特别想钻进浴室里痛痛快快地洗个澡，

72

寻找一个属于我自己的小天地。

打开莲蓬头，热水哗哗地流下来，冲在身上，我顿时感到浑身舒爽，水流冲走了我全身的烦恼，我不由自主地哼唱起了自己编创的歌曲。不知从哪儿冒出一个鬼主意：我在淋浴房的玻璃门上，用水蒸气画出母亲生气时的模样。我越画越得意，最后干脆在她头上画了三朵大大的火苗。看着自己的杰作，我得意忘形，禁不住独自在浴室里放声大笑起来。谁知被母亲听见了，她站在门外对我喊叫着："你已经洗了半个小时了，水一直开着很浪费的，要环保一点，而且水要付费的，煤气也要付费

"全身的烦恼"搭配不当，改一下。

"得意忘形"用在这里似乎不太确切，想一想，放在哪里好呢？

73

的。"我听了却<mark>不以为然</mark>，继续哼着小曲，在水中享受。

每当暑假来临，我经常会在傍晚时分和小伙伴们去花园骑自行车，当我骑得大汗淋漓回到家时，最想做的就是脱光衣服，冲进浴室，把水量开到最大，舒舒服服地洗个澡。边洗边用脚踩住淋浴房的下水口，等水积起来后，再把我的卡通浴擦放在水面上当小船开来开去，一边享受淋在身上的热水，一边嘴里大声喊叫："下雨啦，下雨啦，涨潮啦，涨潮啦。"把学习的压力和母亲的唠叨统统抛到了九霄云外。

别人洗澡是为了清洁，而我是为了放松。

真想多洗几次澡啊！

这里用"不以为然"不好，换一个什么词好呢？这个词又可以放在哪里呢？

能不能想一句更好的来把这句替换掉？

　　语文老师不止一次对小朋友们说过，我们学词语、抄词语、背词语，最终的目的是为了用词语，也就是说，要有意识地把我们掌握的词语尽可能准确地用到我们的作文中去。可有的小朋友就说了：我也懂得这个道理啊，可真到了写作文的时候就犯难了，总觉得那些学过的词这时候都逃得无影无踪了。怎么办呢？我想，我们不妨在写以前先找一些好词好句，写的时候尽量把这些好词好句用进去。就比如《我喜欢洗澡》这篇文章，我们可以要求自己把"享受""为了……为了……""得意忘形""不以为然"等词语用进文章中，当然了，要力求用得确切、恰当。在这篇文章中，"得意忘形""不以为然"两个词就用得不确切。相信经过一段时间的训练，你的遣词造句能力一定会大大提升。

改一改

根据老师的意见，小豆丁把文章又改了一遍。你读读看，是不是好多了？如果是，那么请你把你的文章也好好改一改。

小豆丁进步啦！

我喜欢洗澡

我经常十分苦恼，因为母亲总是在我耳边唠叨："赶快去吃饭，赶快去写作业，赶快去……"这时，我就特别想钻进浴室里痛痛快快地洗个澡，寻找一个属于我自己的小天地。

打开莲蓬头，热水哗哗地流下来，冲在身上，我顿时感到浑身舒爽，水流似乎把我的烦恼冲得一干二净，我不由自主地哼起了自己编创的歌曲。脑子里又冒出一个鬼主意：在淋浴房的玻璃门上，用水蒸气画出母亲生气时的模样。我越画越起劲，最后得意忘形地在她头上画了三朵大大的火苗。看着自己的杰作，我禁不住独自在浴室里哈哈大笑起来。谁知被母亲听见了，她站在门外对我喊叫着："你已经洗了半个小时了，水一直开着很浪费的，要环保一点，

而且水要付费的，煤气也要付费的。"我听了却不以为意，继续哼着小曲，在水中享受着。

暑假里我经常会在傍晚时分和小伙伴们去花园骑自行车，每当我骑得大汗淋漓回到家后，最想做的就是脱光衣服，冲进浴室，把水量开到最大，舒舒服服地洗个澡。有时候，我边洗边用脚踩住淋浴房的下水口，等水积起来后，再把我的卡通浴擦放在水面上当小船开来开去，一边享受着淋浴，一边大声喊叫："下雨啦，下雨啦！涨潮啦，涨潮啦！"把学习的压力和母亲的唠叨统统抛到了九霄云外。

我洗澡，我快乐，不仅洗净了身上的汗水，更涤荡了我的心情。真想多洗几次澡啊！

写给
家长的话

语文教学中，词语学习与作文分离的现象比较普遍。很多时候，孩子学了很多词语，但只会默写，不会运用。所以，我们必须培养和强化孩子自觉运用学过的词语的意识。因为，当前的小学生特别缺少这种意识。

"搭积木"这种方法有助于培养孩子自觉运用学过的词

爱看书的青年，大可以看看本分以外的书，即课外的书，不要只将课内的书抱住。

——（中国）鲁迅

语的意识。所谓"搭积木"就是连词作文,我们规定一段话中,孩子必须运用某几个词汇(可以是动词、名词、形容词、副词、关联词等)。这种规定看起来有些死板,却对培养孩子使用词语的能力有较大的促进作用,尤其对小学低年级的学生。从模仿到创新,从规矩到自由,是学习的必由之路。

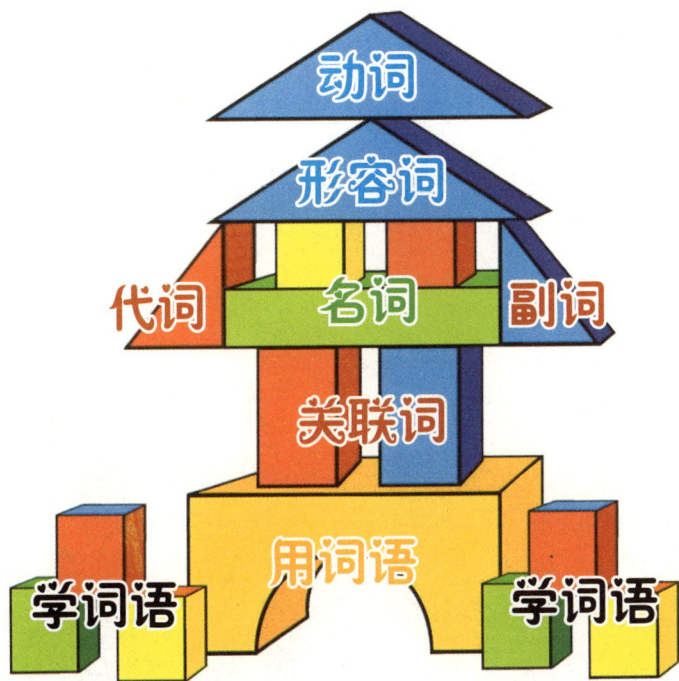

动词

形容词

代词　名词　副词

关联词

用词语

学词语　　学词语

学会 "造房子"

（4 学时）

上一单元，我们讲到"搭积木"。一个个词语"搭"成一个句子，一个个句子"搭"成一个段落，一个个段落最终"搭"成一篇作文。也就是说，一篇作文说到底，是从一个句子开始的。所以，造句是很重要的事，我们不仅要学会造简单的句子，还要学会造比较复杂的句子。

一个好句子就是一所漂亮的房子。造房子有些构件是必须要有的，所以我们要弄清楚句子的不同成分：主语、谓语、宾语、定语、补语和状语。我们还要心里清楚房子造得不好的可能原因：句子成分残缺、词语与词语之间搭配不当、词语分类不合适、词序排列不恰当、词语之间的意思自相矛盾、词语重复多余等。在造比较复杂的句子时，我们还要学会关联词的正确运用：因为……所以……（因果关系）；与其……不如……（选择关系）；不但……而且……（递进关系）；一边……一边……（并列关系）；如果……就……（假设关系）；只要……就（条件关系）。当我们学会了这三方面的知识，造一个好句子就不是那么困难的事了，我们也就为写好作文打下了良好的基础。

读一读

使用关联词语，不仅可以表述清楚复杂的事物、关系，表达丰富的内涵，而且可以使行文顺畅，富有韵味。

行道树

张晓风

我们是一列树，立在城市的飞尘里。

许多朋友都说我们是不该站在这里的，其实这一点，我们知道得比谁都清楚。我们的家在山上，在不见天日的原始森林里。而我们居然站在这儿，站在这双线道的马路边，这无疑是一种堕落。我们的同伴都在吸露，都在玩凉凉的云。而我们呢？我们唯一的装饰，正如你所见的，是一身抖不落的煤烟。

是的，我们的命运被安排定了，在这个充满车辆与烟囱的工业城里，我们的存在只是一种悲凉的点缀。但你们尽

可以节省下你们的同情心，因为，这种命运事实上也是我们自己选择的——否则我们不必在春天勤生绿叶，不必在夏日献出浓荫。神圣的事业总是痛苦的，但是，也唯有这种痛苦能把深度给予我们。

当夜来临的时候，整个城市里都是繁弦急管，都是红灯绿酒。而我们在寂静里，我们在黑暗里，我们在不被了解的孤独里。但我们苦熬着把牙龈咬得酸疼，直等到朝霞的旗冉冉升起，我们就站成一列致敬——无论如何，我们这城市总得有一些人迎接太阳！如果别人都不迎接，我们就负责把光明迎来。

这时，或许有一个早起的孩子走过来，贪婪地呼吸着鲜洁的空气，这就是我们最自豪的时刻了。是的，或许所有的人早已习惯于污浊了，但我们仍然固执地制造着不被珍惜的清新。

落雨的时分也许是我们最快乐的，雨水为我们带来故人的消息，在想象中又将我们带回那无忧的故林。我们就在雨里哭泣着，我们一直深爱着那里的生活——虽然我们放

弃了它。

立在城市的飞尘里，我们是一列忧愁而又快乐的树。

看看文章在构筑成篇时运用了哪些关联词。

人的思想是了不起的，只要专注于某一项事业，就一定会做出使自己感到吃惊的成绩来。
——（美国）马克·吐温

想一想

真有趣，原来写作文还可以像"造房子"一样，用关联词把词与词组成句，句与句组成段，段与段组成篇。小豆丁明白了，作文要写得漂亮，就要学会造句。怪不得总觉得下面第一篇作文不是那么好，原来它里面有些句子成分残缺，有些重复多余，有些搭配不当，有些排列不恰当，有些没能正确运用关联词……同学们，你们找到这些不好的地方了吗？小豆丁已经圈出两处，大家赶快加油！

春天的小河

春天，是一个开花的季节，花开了，草绿了，我家后面的那条小河清澈了，水可见底，水波干净，一尘不染。

有时候，太阳出来了，因为溅起几朵白色的浪花，所以鱼儿在小河里成群结队地玩耍，鱼映着水，水映着鱼，小河是红的了。

有时候，我看见粉红的喇叭花在河边长着，春风吹来，

左晃晃、右晃晃，像是在播放春天到来的乐曲。花映着水，水映着花，一条粉色的小河变成了。

有时候，河边还长着绿莹莹的小草，随着春风不停地摇摆着身子，向左，向右，好像喇叭花播放出的歌曲。草在水边，水在草边，小河变绿了。

春天的颜色不是数不胜数，一下从红的变成绿的；就是变幻无穷，到处都能找到春天的影子。小河里，大树上，草丛里……

飞逝的时间就在这一刻停驻！爱着春天，真想懒懒地坐在小河旁，即使沐浴着柔柔的春风，也晒着暖暖的太阳。

春天的小河

春天，是一个万物复苏的季节。花开了，草绿了，我家后面的小河也变得清澈了，暗香浮动，流光溢彩。

有时候，小河是红色的。鱼儿在水里成群结队地玩耍，时而溅起几朵白色的浪花。这时，鱼映着水，水映着鱼，太阳洒下金红的光，小河变红了。

有时候，小河是粉色的。河边的牵牛花像一个个粉红的小喇叭，只要春风吹来，小喇叭便会左晃晃、右晃晃，好像在播放春天到来的乐曲。这时，花映着水，水映着花，小河变粉了。

有时候，小河是绿色的。绿莹莹的小草像欢快的小矮人，如果春风吹来，它就会不停摇摆着身子，一会儿向左，一会儿向右，好像在欣赏牵牛花播放出的春之乐。这时，草映着水，水映着草，小河变绿了。

春天的色彩真美妙！不仅数不胜数，小河里、大树上、草丛里……到处都能找到春天的影子；而且变幻无穷，一

会儿红，一会儿绿，真是应接不暇。

我爱着春天，真想懒懒地坐在小河旁，一边沐浴着柔柔的春风，一边晒着暖暖的太阳，感觉飞逝的时间就在这一刻停驻。

写一写

同学们，请根据提示，修改病句。

造的句子要完整。

例：这次扫墓活动，同学们对革命先烈更加崇敬和爱戴了。

这句子不完整，有缺陷，应该改为："这次扫墓活动，使同学们对革命先烈更加崇敬和爱戴了。"或者："通过这次扫墓活动，同学们对革命先烈更加崇敬和爱戴了。"

修改下面句子：

1.为了争取最后的胜利，纷纷报名参加了突击队。

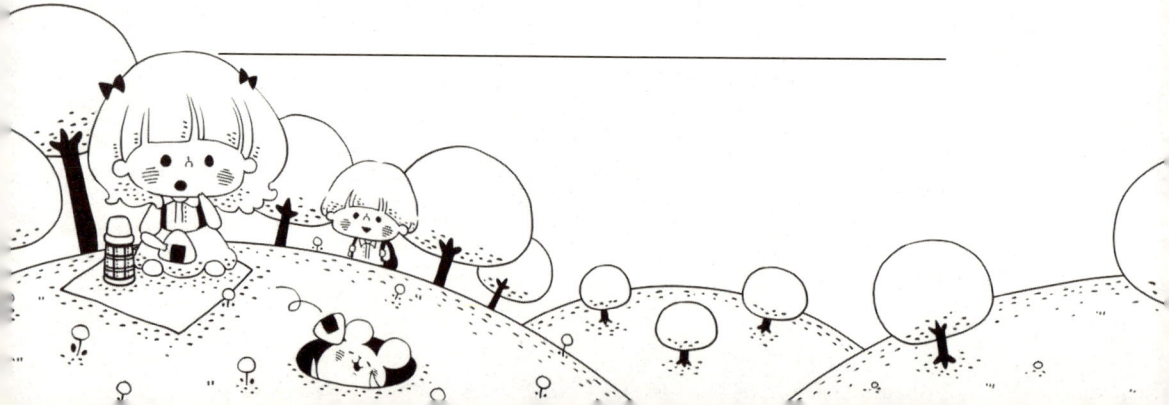

2.海迪姐姐的顽强不息的精神，坚定不移的毅力。

_____

3.小李恍然大悟，终于端正了学习的目的和态度。

_____

☺ 词序排列要得当，词语的意思不能矛盾。

例：两个新旧同桌，真是鲜明的对比。

　　这句话词序排列错误。应该改为："新旧两个同桌，真是鲜明的对比。"

修改下面句子：

4.这次拔河全校比赛能得到冠军，对于我们是多么激动啊。

_____

5.我断定这学期的班主任也许是上学期的数学王老师。

_____

6.老农抢起锄头，把口袋里那只不知报恩的狼用锄头打死了。

_____

🥜 要正确运用关联词。

例：今天阳光灿烂，天空却万里无云。

"却"转折关系的关联词，这里没有转折关系，是递进关系，所以应改为："今天阳光灿烂，而且万里无云。"

修改下面句子：

7.只要努力学习，成绩才能提高。

_____

8.我班的学习委员做功课多认真啊，她却还在静静地看书。

_____

🍏 要正确运用"的""得""地"。

例：雕刻师把手指地轮廓勾勒的清清楚楚。

这里的"地"和"的"用错了。名词前应该用"的"，形容词前应该用"得"，可改为："雕刻师把手指的轮廓勾勒得清清楚楚。"

修改下面句子：

9.大拇指跷的高高的，老是在夸耀自己得本事最大。

_____

10.明明连蹦带跳的来到操场，大声的对同学们说："今天的篮球比赛暂停啦。"

_____

现在轮到你来动笔写作文了，题目是"家里少了一个人"。

一个人有无成就，取决于他青年时期是不是有志气。
——（中国）谢觉哉

93

评一评

作文写完了吗？小豆丁和你一样，也写了一篇《家里少了一个人》，我们来看看，老师是怎么评的。

家里少了
一个人

一个北风呼啸的寒冬腊月，正逢期末考试前夕，妈妈淡定地对我说："寒假里，妈妈要开刀，你暂时住到小外婆家，等妈妈出院了你再回来，

好吗？"这对我来说无异于是个晴天霹雳，尽管妈妈安慰我这只是一个小手术，**而且**我还是希望这不是真的。考完试后，妈妈还带我去看了一场电影《人在囧途之泰囧》。幽默的故事、搞笑的情节逗得我前俯后仰，早就将那件令人伤感的事抛之脑后。可看完电影后，妈妈对我说就在我看得聚精会神时，医院打电话来叫妈妈今天就住院。顿时，我的心**却**阴沉沉的，一串串不争气的泪珠滴落下来。一出电影院，妈妈就把我送去了小外婆家。我无奈地目送着妈妈逐渐远去的背影，我再一次泪流满面。我不得不面对这冷酷的现实。

住在小外婆家的那段日子里，**虽然**小外婆悉心地照料我，把我照料得无微不至，**但是**我依然开心不起来。没和妈

关联词运用不正确。

多了一个词，不通。

95

好！关联词用得正确。

妈在一起的日子，我总觉得心里却总是空荡荡的，仿佛生活缺少了点什么。每当面对小外婆精心为我做的小菜时，我都食不下咽，总想起和妈妈一起其乐融融享用晚餐时的情景；每当走过小区看着别人在全神贯注地下棋时，我的脑海里就会浮现出妈妈再累也会陪我下棋的情景……那是多么值得回忆的美好时光啊！为什么当时的我并没有感觉到，而现在的我却格外珍惜这段时光，对此深有体会呢？我想着想着，又情不自禁地流下了眼泪。小外婆看透了我的心思，便带我去公园散心。虽然公园里鸟语花香，但我的心情仍然愉快不起来。阳光照亮了大地，但

用词重复。前面已经有了"总觉得"。

"情景"出现了两次，建议换一个词。

没有一丝阳光照亮我的心房。**虽然**我只在小外婆家住了一个星期，但对于我来说这一个星期就如同一年般漫长。

盼星星、盼月亮，终于盼来了离开小外婆家的一天。那天，我早早地起了床，催促小外公快点开车去妈妈那儿。汽车飞快地在大路上奔驰，两旁的景物飞一样地向后倒退，可我还是觉得太慢。终于到家了，我飞快地上楼，看见了妈妈那略见消瘦的身影。顿时，我流下了激动的泪水，紧紧地拥抱着妈妈，心想：我们再也不分开了！

我相信，这个短暂的冬季即将过去。一到春暖花开的三月，郁金香绽放出灿烂的笑脸，妈妈就会康复。那时，家里又会重新荡漾起欢声笑语。

想一想，此处的关联词是不是可以不用？

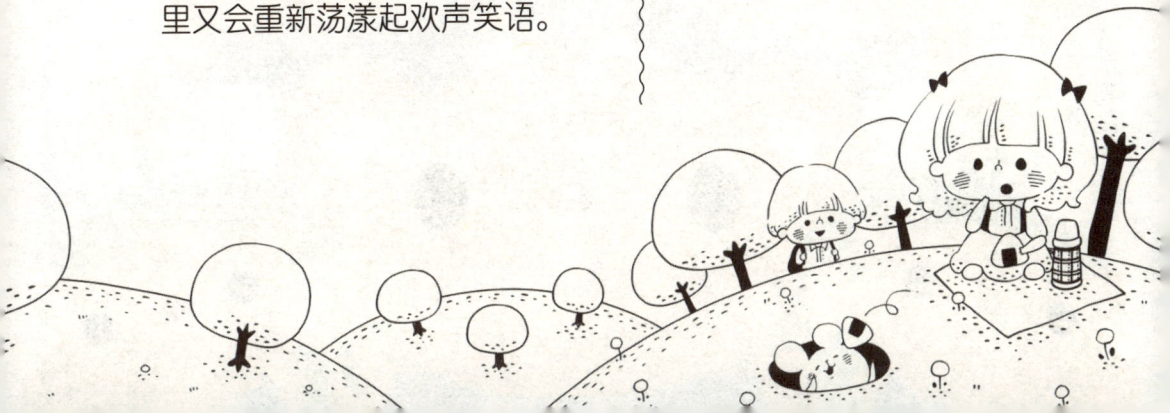

97

小朋友，在学写作文之前，老师肯定先让我们练习造句吧，因为，一篇文章就是一个个句子"搭"起来的。我们常说的遣词造句，就是要用我们学会的美好的词语来造句，而且造出来的句子要通顺、完整，这就是所谓的文从字顺，也是写作文的基本要求。我们有些小朋友的文章已经写得相当不错了，可一不小心，还是会出现一些不通顺句子，也就是我们常说的病句。

《家里少了一个人》的小作者文笔很好，已经能游刃有余地遣词造句，诸如"一串串不争气的泪珠滴落下来""郁金香绽放出灿烂的笑脸"等等，但还是出现了关联词运用不正确、词语多余、用词重复等现象，这些病句的出现，就破坏了整篇文章的美感。

造句是写文章的基础，只有基础扎实了，才能写出我们期盼的好文章。

改一改

根据老师的意见，小豆丁把文章又改了一遍。你读读看，是不是好多了？如果是，那么请你把你的文章也好好改一改。

小豆丁进步啦！

家里少了一个人

一个北风呼啸的寒冬腊月，正逢期末考试前夕，妈妈淡定地对我说："寒假里，妈妈要开刀，你暂时住到小外婆家，等妈妈出院了你再回来，好吗？"这对我来说无异于晴天霹雳，尽管妈妈安慰我这只是一个小手术，可我还是希望这不是真的。考完试后，妈妈还带我去看了一场电影。幽默的故事、搞笑的情节逗得我前俯后仰，早就将那件令人伤感的事抛之脑后。可看完电影后，

99

妈妈告诉我，就在我聚精会神看电影时，医院打来电话叫她今天就住院。顿时，我的心阴沉沉的，一串串不争气的泪珠滴落下来。一出电影院，妈妈就把我送去了小外婆家。我无奈地目送着妈妈渐行渐远的背影，再一次泪流满面，也不得不面对这冷酷的现实。

住在小外婆家的那段日子里，虽然小外婆悉心地照料我，把我照料得无微不至，但是我依然开心不起来。没和妈妈在一起的日子，我总觉得心里空荡荡的，仿佛生活缺少了点什么。每当面对小外婆精心为我做的小菜时，我都食不下咽，总想起和妈妈一起其乐融融享用晚餐的时光；每当走过小区看着别人在全神贯注地下棋时，我的脑海里就会浮现出妈妈再累也会陪我下棋的情景……那是多么值得回忆的美好时光啊！为什么当时的我并没有感觉到，而现在的我却格外怀念那段时光？想着想着，我又情不自禁地流下了眼泪。小外婆看

出了我的心思，便带我去公园散心。虽然公园里鸟语花香，但我的心情仍然愉快不起来。阳光照亮了大地，但没有一丝阳光照进我的心房。虽然我只在小外婆家住了一个星期，但对于我来说，这一个星期就如同一年般漫长。

盼星星、盼月亮，终于盼来了离开小外婆家的一天。那天，我早早地起了床，催促小外公快点开车去妈妈那儿。汽车飞快地在大路上奔驰，两旁的景物飞一样地向后倒退，可我还是觉得太慢。终于到家了，我飞快地上楼，看见了妈妈那略见消瘦的身影。顿时，我流下了激动的泪水，紧紧地拥抱着妈妈，心想：我们再也不分开了！

我相信，这个短暂的冬季即将过去。一到春暖花开的三月，郁金香绽放出灿烂的笑脸，妈妈就会康复。那时，家里又会重新荡漾起欢声笑语。

写给家长的话

病句原因

句子成分

造句子

关联词语运用

词与词组成句，句与句组成段，段与段组成篇。学习词语的运用，起步就是要学会造句，这也是写好作文的前提条件。小学生不仅要学会造单句，还有学会造复句。因此，知道句子该有哪些成分、弄懂句子的基本结构、学会正确使用关联词语，是孩子学习造句绕不开去的三个知识点。现在很多语法知识不再收入小学语文教材，课堂上也不讲语法，这不等于语法不重要，而是说，在孩子年龄尚小的时候，不用给他灌输理论性的语法知识。作为家长，您最好能明白这一点，这样就能配合老师在孩子学习造句、写作的过程中，自然地、随机地给他们补充这方面的知识，或者根据他们在造句中出现的问题，有针对性地讲解。注意：在讲解某一个语法知识的时候，大量、生动的例句是必要而有效的。

不要总是那张脸

（2 学时）

　　"今天，我吃了好多好吃的东西。吃得真开心。吃着吃着，我笑出声音来。"小朋友们，这样的话语我们一定不陌生吧，似乎在哪里见过，或者自己就写过。但是仔细看看，我们就会发现这段话里面，"吃"这个字用得太多了。

　　词语重复是我们作文中的常见病，它导致作文语言单调，缺少文采，读起来也枯燥乏味。为了改变这种情况，我们就要学会运用近义词。每个词都有很多近义词，可以让我们在写作时选择，比如"吃"的近义词，有品尝、品味、享用、咀嚼、狼吞虎咽等；"走"的近义词，有狂奔、漫步、徘徊、踱步、趔趄、健步、徜徉等。因此，上面那段话，我们可以改写为：

　　今天，我品尝了许多美味佳肴，吃得真开心。有时细细咀嚼，有时狼吞虎咽，不由笑出声音来。

　　这样是不是丰富、有趣了很多？所以，把作文写好并不难，只要词语丰富了，文章就变得有意思了。

105

针对不同的对象，应该用不同的词语来表达，这样才能写出事物之间的差别，也能反映出同学们词汇量的丰富程度。我们常说"捉蚂蚁""捉知了""捉蟋蟀"，那么我们看看儿童文学作家金波爷爷用了哪些动词来表达"捉"的呢？

蝎子

金波

我从小喜欢昆虫。

我曾经在清晨的草地上捕捉蚱蜢，在赤日炎炎的中午去树林里粘知了，在夜深人静时去扣蟋蟀。

几乎所有的昆虫我都爱。但我最怕蝎子。

蝎子总是藏在最阴暗的地方，乘人不备，蛰你一下，又钻进

石堆瓦缝里。

就在那一天夜里，妈妈被蝎子蜇了一下；她是为一位来访的客人开门，手指正巧按在蝎肚子上。

妈妈的手指肿得像萝卜。我看着看着，哇的一声哭了。妈妈却微笑着安慰我，说敷上了一些药，已经不疼了，明天就会好的。

也就在那一天夜里，我下决心要抓住那只蝎子！一连几天，我在门边搜寻着、搜寻着。尤其在夜晚，我提一盏灯，格外细心地守候在大门边。

终于在那一天，我挪动门闩的时候，发现了它！就是这只蝎子，蜇了我亲爱的妈妈！

我紧紧盯住它，它也弯起肚子，把一根毒针高高地翘起来，似乎想把我吓跑。

我一砖头就把它砸扁了。我带着那只死蝎子去见妈妈。

她惊奇地问我：你不是最怕蝎子吗？

我却反问妈妈：您看我现在还怕吗？

比较一下文中表示"捉"的词语之间的差别。想想能否用其他的词语来替换呢？

一个词语，可以用多个不同的近义词表述出来，感觉真新鲜。写作文再也不用总是重复同一个词语了，小豆丁觉得第二篇中词语的使用更多样，于是很兴奋地圈出了几处，剩下的就交给同学们来圈喽！

玩遥控飞机

星期六的下午，天空阳光明媚，万里无云，这样的好天气正适合大家出来玩。我准备到小区楼下的广场玩同学送给我的遥控飞机。

我下了楼，来到小区的广场玩遥控飞机。我打开盒子，拿出飞机，拿出遥控器，玩着遥控飞机。地上的飞机准备飞起来了，我把遥控器上的按钮往上一推，飞机就往上飞了起来。接着，我

把另一个按钮往前一推，飞机就往前飞了。飞机飞得又高又快，突然，它"噗"的一声摔下来，摔在了地上。我心里很紧张，生怕飞机摔坏了，马上跑过去检查。还好，飞机没有摔坏，我的心里不再紧张。

我又重新玩飞机，这次，我玩得很好，把飞机绕着"8"字形飞或是绕着"O"字形飞，一直飞着，没有停下来，还嗡嗡嗡地响。小区里的小朋友看到了，都兴冲冲地凑过来看我玩。看到这么多小朋友凑过来，我心里很高兴，马上要他们一起来玩。有的小朋友玩得不好，手忙脚乱，逗得大家哈哈大笑；有的小朋友玩得很好，和我玩得一样好，大家都拍手鼓励他们。

小朋友们都玩得很高兴。

玩遥控飞机

星期六的下午，天空阳光明媚，万里无云，这样的好天气正适合大家出来玩耍。我带上同学送给我的遥控飞机，来到小区楼下的广场。

我兴致勃勃地打开盒盖，把飞机和遥控器拿了出来。打开开关，地上的飞机便亮起了五颜六色的小灯，准备起航。我把遥控器的按钮往上一推，飞机就呼啸着往上冲去。接着，我把另一个按钮往前一移，飞机便迅速地朝前航行。飞机在空中翱翔，又高又快，突然，它"噗"的一声倒栽下来，砸在了地上。我心里很紧张，生怕飞机摔坏了，马上跑过去检查。还好，飞机安然无恙，我的心里不再忐忑不安。

我又重新启动了飞机，这次，它飞得很平稳，我试着让飞机在空中一会儿按"8"字形盘旋，一会儿绕圈飞翔，它就像一

只忙碌的蜜蜂，殷勤地告诉同伴这里有花蜜。小区里的小朋友看到了，都兴冲冲地围过来观看。看到这么多小朋友都凑过来，我心花怒放，马上邀请他们一起来遥控飞机。有的小朋友控制得不好，手忙脚乱，逗得大家哈哈大笑；有的小朋友掌控得很好，游刃有余，和我有得一拼，大家都拍手鼓励他们。

遥控飞机真有趣，小朋友们个个笑逐颜开。

111

写一写

首先我们来回忆一下自己所学过的近义词和反义词，然后根据提示，完成下列习题。

积累近义词：

爱惜——珍惜　　沉寂——寂静

叮嘱——叮咛　　迷惑——疑惑

1．生气（　　　）（　　　　）（　　　　）（　　　　）

2．偏僻（　　　）（　　　　）（　　　　）（　　　　）

3．迟缓（　　　）（　　　　）（　　　　）（　　　　）

积累反义词：

伟大——渺小　　悲哀——喜悦

光明正大——阴谋诡计

4．昂贵（　　　）（　　　　）炎热（　　　　）（　　　）

5．雷厉风行（　　　）（　　　　）热热闹闹（　　　）（　　　）

学会运用近义词

例："今天妈妈烧的晚饭太好吃啦，红烧排骨，糖醋鳜鱼，都是我喜欢吃的，我吃了好多好多，越吃越想吃。"这里一共用了五个"吃"，词语重复，语感就差了，词汇也贫乏了。可以运用"吃"的有关近义词，改为："今天妈妈烧的晚饭太可口啦，红烧排骨，糖醋鳜鱼，都是我喜欢吃的，我慢慢享用着，越吃越感到美味无穷。"

6．暑假第一天，我们去公园玩，玩过山车，玩双人自行车，玩得好开心，玩到天黑也不想回家。

7．双休日我看见家门口清洁工扫地可认真了，还去看看老年活动室，看看小区的画画展览会，有点意思。

_____

_____

8．一阵狂风吹来，树叶落了下来，花园里盛开的鲜花也落下了，连窗台上的一盆含羞草也落了下来。

_____

_____

9．开学第一天，王老师穿了一件很好看的裙子，好漂亮。王老师的声音也很好听，像唱歌。王老师很和谐，像个大姐姐。

_____

_____

10．天冷极了，好看的雪花在空中飞舞，好看的山峰在远处隐隐约约，好看的村庄在湖边时隐时现。

_____

_____

好，现在轮到你来动笔写作文了，题目是"最有趣的人"。

评一评

作文写完了吗？小豆丁和你一样，也写了一篇《最有趣的人》，我们来看看，老师是怎么评的。

最有趣的人

我的外公，绝对是个名副其实的"酒鬼"。他嗜酒如命，只要有一顿饭少了酒，他就会浑身不舒服，像病了似的。

外公差不多能把世界上所有的酒名都能数出来，还可以数得清清楚楚：中国的"茅台酒"啦；俄国的"伏特加"啦；法国的"大香槟"啦；意大利的"葡萄酒"啦；苏格兰的"威士忌"啦……他几乎全能数出来，我和外婆常和他打趣：你可真是一个"酒教授"

这一段连用了三个"数"字，多单调啊，能否找出三个不同的词把外公对酒的熟悉度表现出来？

115

啊!

记得有一年暑假，我去外公外婆那儿小住几日。我想：我可又得接受可怕的"酒教育"了。第二天中午，外公在厨房，里面时不时传出"稀里哗啦"的声音。外婆听见了，立即丢下手中的活，三步并作两步跑进厨房，我也跟着进去，只见外公一头已经钻入厨房的储物柜里，嘴里说着："咦，奇怪了，怎么没有酒了？"经过一番努力的"翻天覆地"，他终于走了出来，怀里紧紧揣着两瓶酒，像觅到宝那样，笑开了花："总算找到了，真能藏！哈哈，这白酒时间越长越香，越好喝。"我定睛一看，原来是"竹叶青"呀。

外婆见状，急忙上前想

要夺下外公手中的酒，可哪里拦得住啊，只见外公迫不及待地撕开包装，打开酒瓶，也不倒在杯子里，干脆把酒瓶搭在嘴唇上，脖子一仰，一口气喝下大半瓶酒，眼睛还时不时瞥瞥外婆。不一会儿，外公已经在喝第二瓶酒了。突然，他身子一挺，嘴顿时鼓了起来，跌跌撞撞地冲向厕所，接着就从厕所里传出了呕吐的声音。五分钟后，他依旧摇摇晃晃地揉着胃走了出来，脸色煞白煞白的，外婆在椅子上说："嘿嘿……喝得特高兴吧？我不是一直让你少喝点的吗？谁叫你不听我的话啊，见到酒就没命了，这次总算尝到苦头了吧？"外公倒在沙发上，可还是说："老太婆，你知道吗，不醉不成仙啊！"外婆摇了摇头说："老头儿，你啊……"

后文还有一个"喝"，想一想，"喝"的近义词有哪些，这里用什么来替换最好？

这二段主要是外公和外婆的对话，好好揣摩一下他们说话时的表情和心理，或用恰当的词语来取代"说"字，或在"说"字前加上一个修饰的词语。

117

　　小朋友，你在写作文的时候有没有碰到过这样的情况：写着写着，就感到自己积累的词汇太少了，不够用，于是就会常常犯重复的毛病，尤其是在表现相同的动作、相近的意思的时候。这不，《最有趣的人》这篇文章也出现了这样的情况。你看，说外公对酒非常熟悉，他一连用了三个"数"字，表现外公好酒，用了两个"喝"字，而写外公和外婆的对话，总是外公说、外婆说。须知我们在说话时的神态、心情可是多种多样的，完全可以借助不同的词语把它表现出来呀，而且，有时未必要出现"说"字。那么，就让我们开动脑筋，认真地想一想，改一改，再来比对一下下面小豆丁改的文章，你一定会有新的感悟和收获的。

改一改

根据老师的意见，小豆丁把文章又改了一遍。你读读看，是不是好多了？如果是，那么请你把你的文章也好好改一改。

最有趣的人

我的外公，绝对是个名副其实的"酒鬼"。他嗜酒如命，只要有一顿饭少了酒，他就会浑身不舒服，像病了似的。

外公差不多能把世界上所有的酒名都如数家珍地报出来，还可以倒背如流：中国的"茅台酒"啦；俄国的"伏特加"啦；法国的"大香槟"啦；意大利的"葡萄酒"啦；苏格兰的"威士忌"啦……他几乎无所不知，我和外婆常和他打趣：你可真是一个"酒教授"啊！

记得有一年暑假，我去外公外婆那儿小住几日。我

119

暗暗自忖：我可又得接受可怕的"酒教育"了。第二天中午，外公在厨房，里面时不时传出"稀里哗啦"的声音。外婆听见了，立即丢下手中的活，三步并作两步跑进厨房，我也跟着进去，只见外公一头已经钻入厨房的储物柜里，嘴里嘟囔着："咦，奇怪了，怎么没有酒了？"经过一番努力的"翻天覆地"，他终于走了出来，怀里紧紧揣着两瓶酒，像觅到宝那样，笑开了花。"总算找到了，真能藏！哈哈，这白酒时间越长越香，越好喝。"我定睛一看，原来是"竹叶青"呀。

外婆见状，急忙上前想要夺下外公手中的酒，可哪里拦得住啊，只见外公迫不及待地撕开包装，打开酒瓶，也不倒在杯子里，干脆把酒瓶搭在嘴唇上，脖子一仰，一口气往肚里灌了大半瓶酒，眼睛还时不时瞥瞥外婆。不一会儿，外公已经在喝第二瓶酒了。突然，他身子一挺，嘴顿时鼓了起来，跌跌撞撞地冲向厕所，接着就从厕所里传出了呕

吐的声音。五分钟后，他依旧摇摇晃晃地揉着胃走了出来，脸色煞白煞白的，外婆在椅子上说："嘿嘿……喝得特高兴吧？我不是一直让你少喝点的吗？谁叫你不听我的话啊，见到酒就没命了，这次总算尝到苦头了吧？"外公倒在沙发上，可还是嘴硬道："老太婆，你知道吗，不醉不成仙啊！"外婆无奈地摇了摇头："老头儿，你啊……"

写给
家长的话

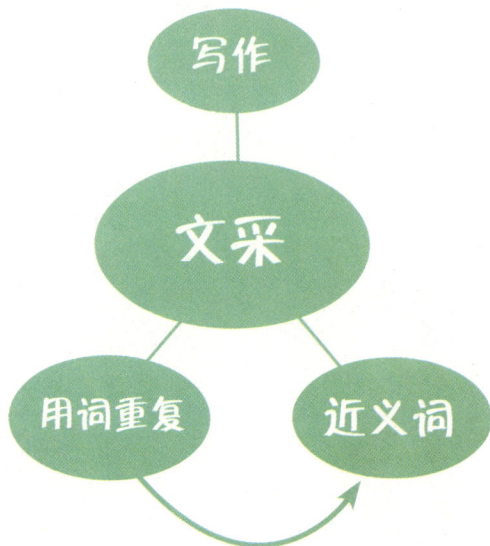

写作

文采

用词重复

近义词

用词重复是小学生作文中的常见病，这是由于他们阅读面不广、词语积累不多、词语运用经验不足造成的。对一项事物、一个动作、一幅场景可以用多个不同的词语去描绘，孩子缺乏这样的意识，他们往往只会用一个词语去描述某个特定的事物或动作。因此，我们需要有意识地帮助孩子积累一些近义词，并且帮助他们在相似的情境中来运用，以辨别这些近义词之间的细微差别，从而让他们在某个情境中可以选择最适合的那个词。这是一个长期的过程，就孩子当前的年龄特点和语言运用的水平而言，大量地学习、积累近义词，扩展他们从多个方面来描绘一个事物或动作的经验，是词语学习的关键。即使孩子在这个阶段，对近义词之间语义上的细微差别区分得不是很清晰，也不需要太担心。

[第七单元]

学习用嘴巴 "写作文"

（2 学时）

　　我们在第一单元里学过，说话用的语言和写作用的语言看起来很相似，可仔细分辨，两者的差别却不小呢！如果我们希望自己心里想的、口里说的，写下来就是作文，就必须要有一个前提：我们心里想的、口里说的必须是作文语言！也就是说，我们可以练习用嘴巴来"写作文"。

　　用嘴巴"写作文"的步骤有两个：第一是在心里想，也就是常说的"打腹稿"，让那些句子在头脑里盘旋，反复斟酌，最后成型；第二步就是把你藏在肚子里的"作文"说出来。说的时候或许会和原来想的有点不一样，没关系，多练就好。练多了，"打腹稿"的时间就越来越短了。古人不是有写文章文不加点、倚马立待的吗？努力锻炼，慢慢地，你也会成为出口成章的人哦。

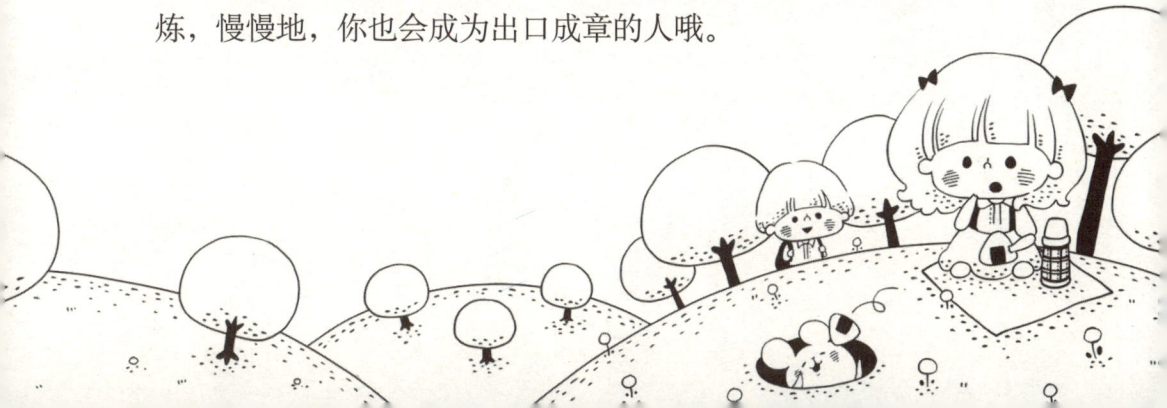

读一读

叙述、描写部分要做到口语书面化，那么文中的对话呢？读读下面这篇童话，注意其中的对话用语。

心田上的百合花

林清玄

在一个偏僻遥远的山谷里，有一个高达数千尺的断崖。不知道什么时候，断崖边上长出了一株小小的百合。

百合刚刚诞生的时候，长得和杂草一模一样。但是，它心里知道自己并不是一株野草。它的内心深处，有一个内在的纯洁的念头："我是一株百合，不是一株野草。唯一能证明我是百合的办法，就是开出美丽的花朵。"有了这个念头，百合努力地吸收水分和阳光，深深地扎根，直直地挺着胸膛。

终于，在一个春天的早晨，百合的顶部结出了第一

个花苞。百合的心里很高兴，附近的杂草却都不屑，它们在私底下嘲笑着百合："这家伙明明是一株草，偏偏说自己是一株花，还真以为自己是一株花，我看它顶上结的不是花苞，而是头上长瘤了。"公开的场合，它们讥笑百合："你不要做梦了，即使你真的是会开花，在这荒郊野外，你的价值还不是跟我们一样？"偶尔也有飞过的蜂蝶鸟雀，它们也会劝百合不用那么努力开花：

"在这断崖边上，纵然开出世界上最美的花，也不会有人来欣赏呀！"

百合说："我要开花，是因为我知道自己有美丽的花；我要开花，是为了完成作为一株花的庄严生命；我要开花，是由于自己喜欢以花来证明自己的存在。不管有没有人欣赏，不管你们怎么看我，我都要开花！"

在野草和蜂蝶的鄙夷下，野百合努力地释放着内心的能量。有一天，它终于开花了，它那灵性的洁白和秀挺的风姿，成为断崖上最美丽的颜色。这时候，野草与蜂蝶，再也不敢嘲笑它了。

百合花一朵朵地盛开着，它花上每天都有晶莹的水珠，野草们以为那是昨夜的露水，只有百合自己知道，那是极深沉的欢喜所结的泪滴。年年春天，野百合努力地开花、结籽。它的种子随着风，落在山谷、草原和悬崖边上，到处都开满洁白的野百合。

几十年后，远在千百里外的人，从城市、从乡村，千里迢迢赶来欣赏百合花。许多孩童跪下来，闻嗅百合

花的芬芳；许多情侣互相拥抱，许下了"百年好合"的誓言；无数的人看到这从未有过的美，感动地落泪，触动内心那纯洁温柔的一角。

那里，被人们称为"百合谷地"。

不管别人怎么欣赏，满山的百合都谨记着第一株百合的教导："我们要全心全意默默地开花，以花来证明自己的存在。"

文中的这些对话在我们日常生活中是怎样表达的呢？选出几句，比较一下二者在词语运用和搭配上有哪些细微的差别。

我读的书愈多，就愈亲近世界，愈明了生活的意义，愈觉得生活的重要。
——（苏联）高尔基

129

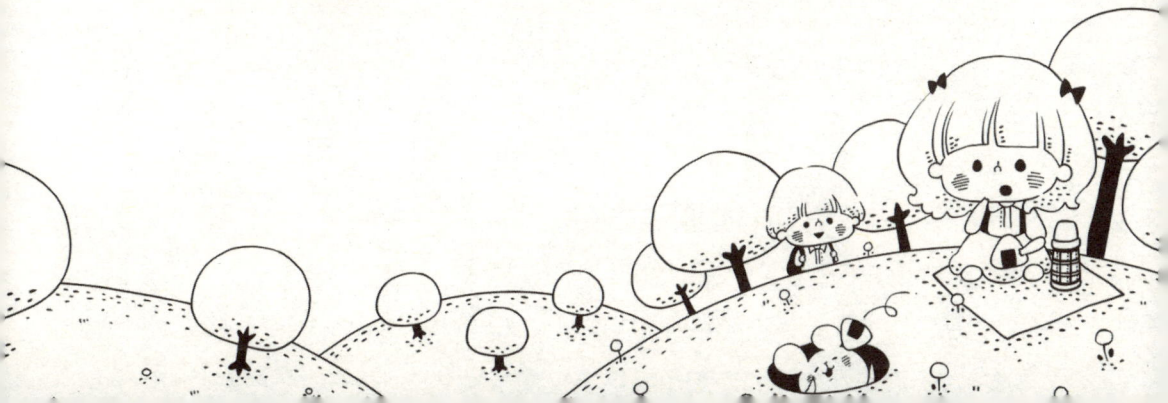

小豆丁以前总认为"心里怎么想，笔下就怎么写"，这样就一定能写出好文章。可现在倒真的领悟出一些不同的东西，如果只是纯粹地把心里想的话照搬到纸上，而不做一些必要的修饰，把心里想的话转为作文语言，那可能也算不上好文章。这不，比较了以下两篇作文后，小豆丁又抛砖引玉地圈出了几处，觉得口头语言书面化后，果然让作文增色不少呢。

我钓到了快乐

今年暑假的一天上午，我和爸爸去小区跑步。跑到河边的时候，我们看见有好多人在钓鱼，我也想钓鱼。于是我和爸爸也去家里一人拿了一根鱼竿，还有一个桶，去河边钓鱼。

到了钓鱼的地方，我拿起鱼竿，开始钓起了鱼来。

半个小时过去了，我还是没钓到鱼，可一看，爸爸已

经钓了几条鱼了。真是羡慕、嫉妒、恨！我不想输给爸爸，硬着头皮继续钓鱼。

可是又过了半小时，还是一条鱼也没钓到，我实在是没有耐心了，坐在椅子上生闷气。爸爸看见了，就对我说："你要有耐心，不能把鱼竿荡来荡去呀！"我听了，羞愧地低下头，钓不到鱼的原因找到了，我又去钓鱼了。

我照爸爸的方法去做，静下心来等着。真的，五分钟后，我就钓到了一条鱼，虽然不大，但总是鱼。爸爸

看见了，表扬我说："你真棒，第一次就钓到了鱼。"我心里有说不出的高兴，天上的太阳也在笑哈哈地看着我的鱼。我钓啊钓啊，到回家的时候，我也钓了一桶子的大鱼小鱼。

我真了不起，我学会了钓鱼，我还钓到了快乐——不仅钓到了鱼，还钓到了耐心。

我钓到了 快乐

暑假的一天，我和爸爸来到小区河边，看见好多人在垂钓，我也想尝试一下。于是我俩也去家里各拿了鱼竿和桶，返回河边。

这地方很安静，我拿起鱼竿，开始钓起鱼来。

半个小时过去了，我的鱼钩上什么也没有，一瞧，爸

爸却大丰收，钓了好几条鱼。真是又羡慕又嫉妒。我不想输给爸爸，硬着头皮继续耐心等待鱼儿上钩。

可是又过了半个小时，仍然一无所获，我实在失去了耐心，坐在椅子上生闷气。爸爸看见了，语重心长地对我说："你要有耐心，不能把鱼竿荡来荡去呀！"我听了，羞愧地低下头。找到失败的原因了，我重新振作起精神，再次信心满满地垂下鱼钩。

按照爸爸说的方法，我静下心来等待。果然，五分钟后，我钓到了一条鱼，虽然不大，但总是鱼。爸爸笑着称赞我说："你真棒，第一次就钓到了鱼。"我心里充满不可言喻的喜悦，仿佛觉得就连天上的太阳也在笑哈哈地望着我的鱼。我一鼓作气继续钓，到回家的时候，我也钓了大大小小一桶的鱼，满载而归。

我真了不起，学会了钓鱼，还钓到了快乐——钓鱼，的确是件快乐的事。

写一写

好，现在轮到你来动笔写作文了，题目是
"幸福就在此刻"。

评一评

作文写完了吗？小豆丁和你一样，也写了一篇《幸福就在此刻》，我们来看看，老师是怎么评的。

幸福就在此刻

在我的"小天地"里，有一张让我感到幸福的小木头床。这张小床没有好看的图案，也没有好看的颜色，甚至连油漆也没有，就是用木头制成的。

小床是我上幼儿园时爸爸妈妈给我买的。那时我还小，爸爸妈妈怕我睡觉时从床上掉下来，就给我买了四周都有护栏的床。不过现在我长大了，为了上下床方便，爸爸就把不靠墙边的护栏拆掉了。小床已

"好看"是我们口头常说的词，和它意思相近的书面语很多，这段两个"好看"换成哪两个词语更好呢？

135

经陪伴我整整5年了，到现在躺上去还能闻到一股淡淡的木头清香。木头上的年轮清晰可见，看着这各种形状的年轮，我情不自禁地去摸一摸，总感觉是躺在大自然里。

别看小床不起眼，经过妈妈的精心布置，原来硬邦邦的床架上铺上了软软的棉絮，加上干净整洁的被套，再配上一个印有Hello Kitty的可爱小枕头，这样小床就变成了温馨的小港湾。

从上幼儿园开始，小床就一直陪着我。那时我刚开始一个人睡，每天睡时总有点害怕，是

把小床比作"温馨的小港湾"，形象贴切。

把"陪"这一口头语改成书面语"陪伴"，是否读来更亲切？

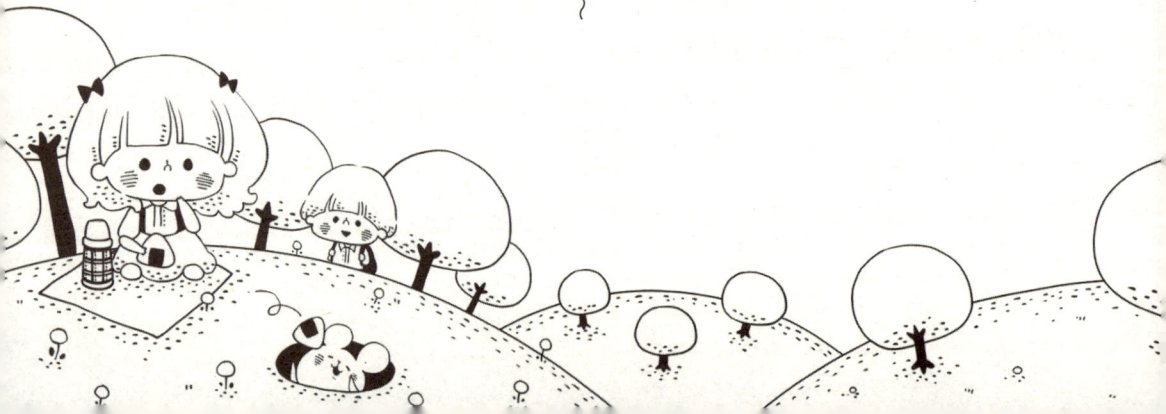

136

小床陪着我战胜恐惧。现在我只有睡在这张小床上，才能很快睡着。睡在爸爸妈妈的床上我还不习惯呢！

我又一次躺在小床上，闻着它的清香，感受着它的温馨，回想着幸福的童年……

"恐惧"这个书面语和"害怕"意思相近，但用在这里更贴切。

和"睡着"对应的书面语有哪些？

137

　　写作文，就是运用书面语言进行表达和交流，虽然我们也倡导"我手写我口"，但这并不是说只要嘴巴说出来的话都能写在作文里，而是要把那些不适合写在作文里的口头语改成书面语，也就是"口头语言书面化"。

　　这篇《幸福就在此刻》，作者写小床和自己对小床的感情，真实自然，毫不做作，可以说做到了心里想说什么就写什么。只是有些地方还是没有做到"口头语言书面化"，比如，"小床没有好看的图案，也没有好看的颜色"中的两个"好看"，"小床就一直陪着我"中的"陪"，"我只有睡在这张小床上，才能很快睡着"中的"睡着"。也许小朋友会说，这样写也可以呀，确实可以，但这样写比起用书面语来表达，既缺少了文采，也缺乏书面语所蕴含的滋味。

改一改

根据老师的意见，小豆丁把文章又改了一遍。你读读看，是不是好多了？如果是，那么请你把你的文章也好好改一改。

幸福就在此刻

在我的"小天地"里，有一张让我感到幸福的小木头床。这张小床没有美丽的图案，也没有靓丽的颜色，甚至连油漆也没有，就是用木头制成的。

小床是我上幼儿园时爸爸妈妈给我买的。那时我还小，爸爸妈妈怕我睡觉时从床上掉下来，就给我买了四周都有护栏的床。不过现在我长大了，为了上下床方便爸爸就把不靠墙边的护栏拆掉了，小床已经陪伴我整整5年了，到现在躺上去还能闻到一股淡淡的木头清香。木头上的年轮清晰可见，看着这各种形状

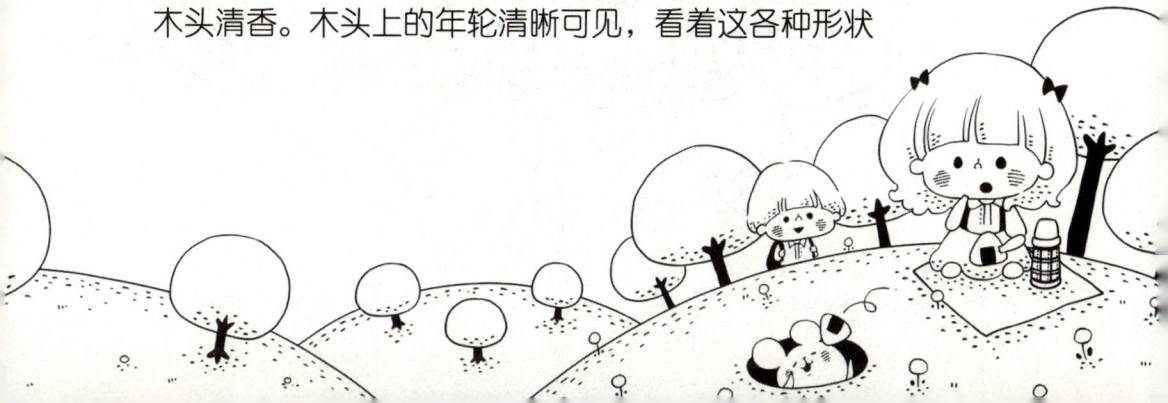

139

的年轮，我情不自禁地去摸一摸，总感觉是躺在大自然里。

别看小床不起眼，经过妈妈的精心布置，在原来硬邦邦的床架上铺上了软软的棉絮，加上干净整洁的被套，再配上一个印有Hello Kitty的可爱小枕头，这样小床就变成了温馨的小港湾。

从上幼儿园开始，小床就一直陪伴着我。那时我刚开始一个人睡，每天睡时总有点害怕，是小床陪着我战胜恐惧。现在我只有睡在这张小床上，才能很快进入梦乡。睡在爸爸妈妈的床上我还不习惯呢！

我又一次躺在小床上，闻着它的清香，感受着它的温馨，回想着幸福的童年……

写给家长的话

　　我们一直在强调一个观念：说和写是不同的，它们是两套话语系统，两者既有联系又有区别。因此，当我们让孩子"心里怎么想，笔下就怎么写"的时候，我们需要为他们的口头语言和书面语言之间搭建桥梁，即"口头语言书面化"。

　　"口头语言书面化"是一个长期的过程，需要有意识地培养。首先，语言的训练需要良好的环境。让孩子阅读大量经典的文学作品和语言比较出色的好文章，并且让他们阅读之后尽量地复述和背诵精彩片段，逐渐将优秀的书面语内化为他们自己的话语方式。其次，语言的训练需要多方面的配合。在培养孩子写作能力的过程中，除了孩子之间的互动，语文老师讲课，学生回答问题，家长与孩子交流，都必须养成"口头语言书面化"的习惯。久而久之，孩子就会自然而然地"出口成章"了。

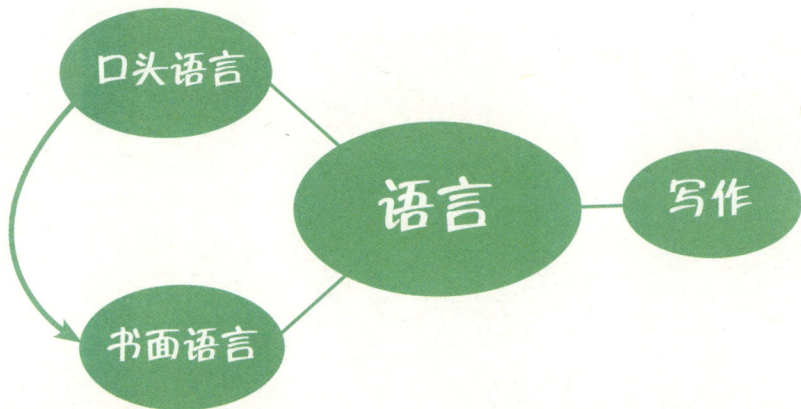

141

口头语言 → 书面语言

语言 — 写作

[第八单元]

大声读出来

（2 学时）

小朋友，你有没有朗读过自己的作文？有时候，我们写了一篇作文自己感觉不错，很得意地想读给同学或者爸爸妈妈听。不过当我们大声把它读出来的时候，却发现语言疙疙瘩瘩读不通顺，句子别别扭扭读不流畅。放下来再看一看，句子成分都全备，没有病句，关联词语也都用对了，可文章就是不流畅、不美。这是怎么一回事呢？原来，作文要写得好，除了语言要规范之外，还需要有对语言敏锐细致的感觉，这种感觉可以帮助我们把文章写得更好、更美、更流畅。我们把这种对语言的感觉称为"语感"。

语感是需要慢慢养成的。养成良好语感的一个重要途径就是朗读，大声地、有感情地朗读。因此，我们在平时要多朗读一些课外读物，对其中的精彩片段可以反复朗读，甚至熟读成诵。当然，对我们朗读的内容，我们要先理解，在正确理解文章内容的基础上再朗读，才会有好的效果。慢慢地，我们就会发现，自己的语感变好了，写出来的文章读起来也朗朗上口了。

读一读

要想写好作文，阅读很重要。很多优秀的文章，为我们写作树立了榜样。下面我们就来"读一读"，看看别人是怎么"写话"的。

紫藤萝瀑布

宗璞

我不由得停住了脚步。

从未见过开得这样盛的藤萝，只见一片淡紫色，像一条瀑布，从空中垂下，不见其发端，也不见其终极，只是深深浅浅的紫，仿佛在流动，在欢笑，在不停地生长。紫色的大条幅上，泛着点点银光，就像迸溅的水

146

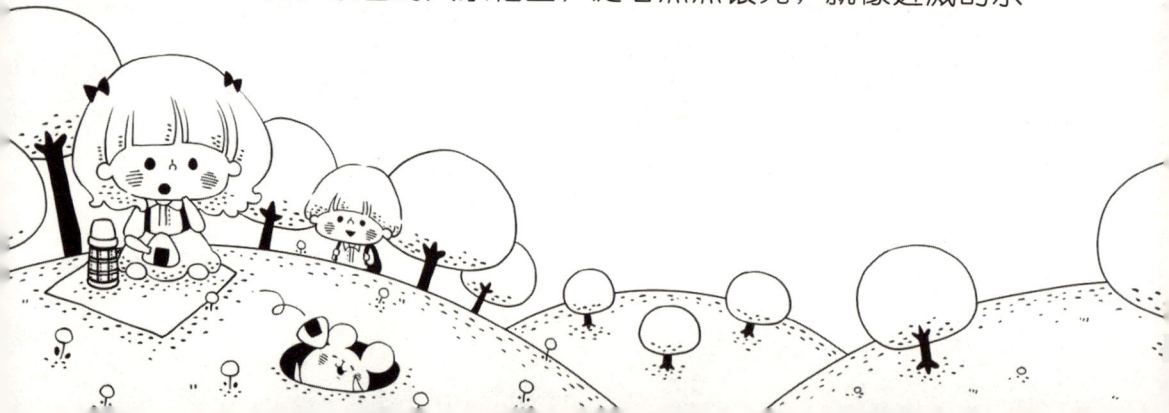

花。仔细看时，才知那是每一朵紫花中最浅淡的部分，在和阳光互相挑逗。

这里春红已谢，没有赏花的人群，也没有蜂围蝶阵，有的就是这一树闪光的、盛开的藤萝。花朵儿一串挨着一串，一朵接着一朵，彼此推着挤着，好不活泼热闹！

"我在开花！"它们在笑。

"我在开花！"它们嚷嚷。

每一穗花都是上面的盛开，下面的待放。颜色便上浅下深，好像那紫色沉淀下来了，沉淀在最嫩最小的花苞里。每一朵盛开的花像是一个张满了的小小的帆，帆下带着尖底的舱。船舱鼓鼓的，又像一个忍俊不禁的笑容就要绽开似的。那里装的是什么仙露琼浆？我凑上去，想摘一朵。

但是我没有摘。我没有摘花的习惯。我只是伫立凝望，觉得这一条紫藤萝瀑布不只在我眼前，也在我心上缓缓流过。流着流着，它带走了这些时一直压在我心上

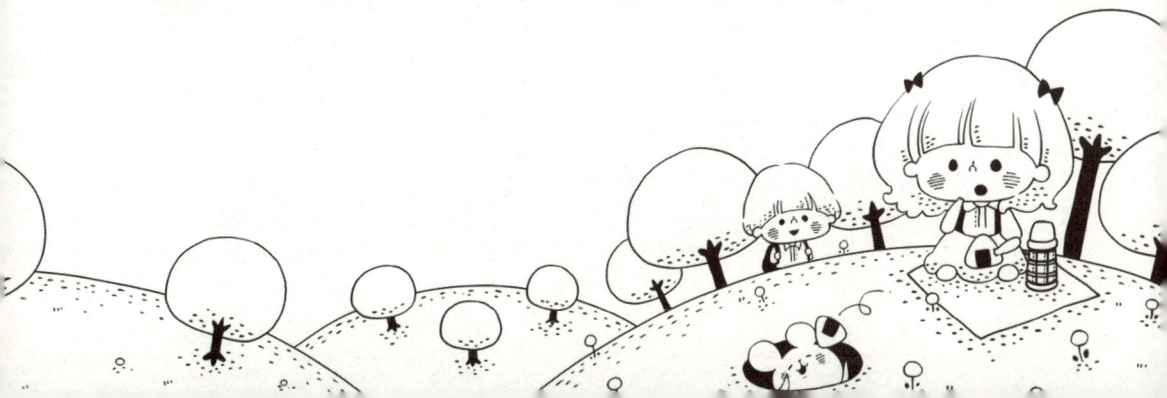

147

的焦虑和痛楚,那是关于生死谜、手足情的。我沉浸在这繁密的花朵的光辉中,别的一切暂时都不存在,有的只是精神的宁静和生的喜悦。

这里除了光彩,还有淡淡的芳香,香气似乎也是浅紫色的,梦幻一般轻轻地笼罩着我。忽然记起十多年前家门外也曾有过一大株紫藤萝,它依傍一株枯槐爬得很高,但花朵从来都是稀落的,东一穗西一串伶仃地挂在树梢,好像在察颜观色,试探什么。后来索性连那稀零的花串也没有了。园中别的紫藤花架也都拆掉,改种了果树。那时的说法是,花和生活腐化有什么必然关系。我曾遗憾地想:这里再看不见藤萝花了。

过了这么多年,藤萝又开花了,而且开得这样盛,这样密,紫色的瀑布遮住了粗壮的盘虬卧龙般的枝干,不断地流着,流着,流向人的心底。

花和人都会遇到各种各样的不幸,但是生命的长河是无止境的。我抚摸了一下那小小的紫色的花舱,那里满装生命的酒酿,它张满了帆,在这闪光的花的河流上

航行。它是万花中的一朵，也正是由每一个一朵，组成了万花灿烂的流动的瀑布。

　　在这浅紫色的光辉和浅紫色的芳香中，我不觉加快了脚步。

　　你觉得文中哪几段写得特别精彩？有感情地去朗读，争取背诵下来，有空的时候在心中默念几遍！

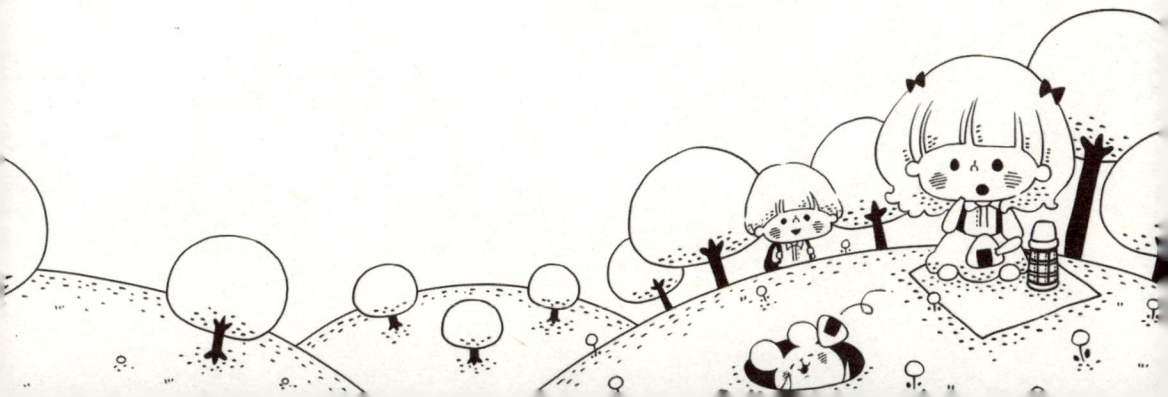

想一想

　　小豆丁很喜欢朗诵，每次一看到自己喜欢的文章，总会情不自禁地大声读出来。下面两篇作文，看上去似乎都写得不错嘛！小豆丁放声朗读起来，咦？第一篇作文读起来好像有点别扭，第二篇读起来倒是蛮流畅的，同学们是不是也有这样的感觉？互相交流一下吧，看看谁的语感更好。

我最喜欢的节日

　　我最喜欢元宵节。按中国民间的传统，在这天上皓月高悬的夜晚，人们爱放焰火、猜灯谜、共享元宵、合家团聚，同庆佳节，可热闹了！

　　傍晚，我慢吞吞地享用晚餐，外面响起了闷雷一般的响声："嘭，嘭，嘭！"要放烟花了，于是和家人一同来

到了屋顶，这样我们就能把景色尽收眼底！我不禁叫道："快看，烟花升起来了，升起来了！"各种各样的烟花染成了一片。有的像一朵盛开的菊花，有的像萤火虫一般在满天飞舞，有的像一颗颗的流星。最引人入胜的要数"大礼花"了，一颗颗炮弹般的烟花飞上天空，像来到天空的一角般炸开了，各式各样的颜色吸引了我们的眼球：艳红、淡紫、金黄、碧绿、瓦蓝和纯白等，把漆黑的夜空照得像白天一样。还有"流星射"，一发发的艳丽的烟花升到天空，发出口哨的声音，像一颗颗小星星在天空中眨眨眼，一会儿就没了。

　　不一会儿，烟花声停了，几个身体健壮的男青年举着长龙灯，龙身蜿蜒游走，龙身通体发亮，龙珠引路，珠动龙随。这可全靠舞龙灯人的本事，瞧，他们随着锣鼓声一招一式整齐有力，配合默契。大家都在村头，在田边看着舞龙的精彩表演，脸上洋溢着幸福快乐的笑脸。或许你看来，这只是一次表演，可是它包含着农民期盼新一年收成，是一种别具农村特色的方式。

　　元宵节真让人们企盼和怀念。

我最喜欢的
节日

我最喜欢元宵节。在这皓月当空的传统佳节之夜，人们总爱燃灯放焰、喜猜灯谜，合家团聚、共享元宵，可热闹了！

傍晚，我正慢悠悠地享用着晚餐，外面忽然响起几下闷雷般的声音："嘭，嘭，嘭！"原来是放烟花了，于是我和家人赶忙来到了屋顶，如斯美景尽收眼底！我不禁叫道："快看，烟花升起来了，升起来了！"果然，天空被各种各样的烟花染成了一片。有的像一朵盛开的菊花，有的像漫天飞舞的萤火虫，还有的像划破天际的流星。最引人注目的便是"大礼花"了，一颗颗炮弹般的烟花飞上天空，在空中一角炸开，艳红、淡紫、金黄、碧绿、瓦蓝、纯白……绚烂

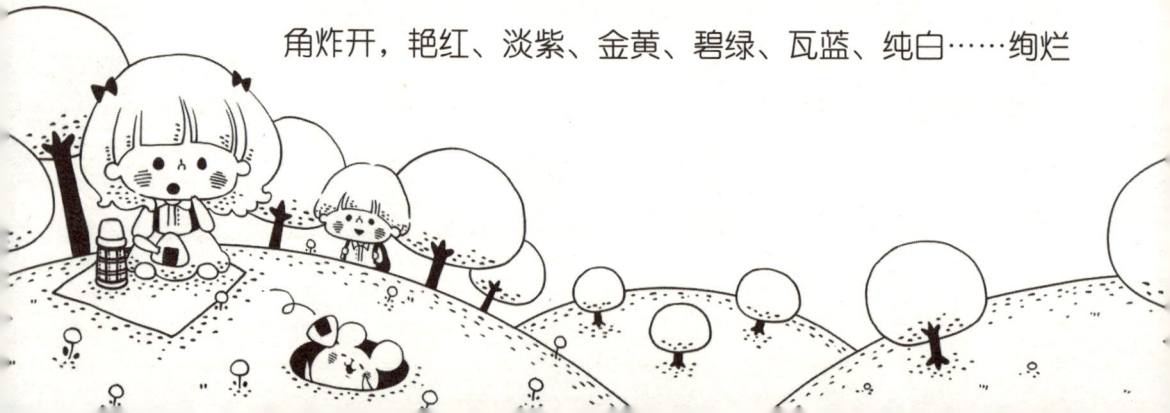

的色彩夺人眼球，把漆黑的夜空照得如同白昼。还有"流星射"，一发发艳丽的烟花射上天空，如同一颗颗顽皮的小星星，吹吹口哨眨眨眼，一溜烟便没了踪影。

不一会儿，烟花声停了，一条长龙被几个健壮的男青年舞动起来，龙身蜿蜒游走，通体发亮，龙珠引路，珠动龙随。这可全靠舞龙灯人的本事，瞧，他们配合默契，伴随着锣鼓声，一招一式都整齐有力。大家聚集在村头田边，看着精彩的舞龙表演，脸上洋溢着幸福快乐的笑容。在你看来，或许这只是一场表演，可是它却包含着农民对来年丰收的期盼，也算是一种别具农村特色的祈福方式吧。

欢庆过后，人群散去。浓浓的传统风味，让人企盼，让人怀念。

写一写

好，现在轮到你来动笔写作文了，题目是"我愿……"。

勤劳一日，可得一夜安眠；
勤劳一生，可得幸福长久。
——（意大利）达·芬奇

154

作文写完了吗？小豆丁和你一样，也写了一篇《我愿……》，我们来看看，老师是怎么评的。

我愿……

我愿，我是一顶帽子，我会将自己戴在母亲的头上。愿我这顶帽子，夏天不仅为母亲遮住火辣的阳光，送上一丝清凉，更增添一份时尚；冬天不仅为母亲挡住刺骨的寒风，献上一丝温暖，更增添一份靓丽。望着母亲一头秀美的发丝，我要轻轻地遮盖住母亲为我操劳留下的痕迹，从此就如这顶微不足道的帽子，将为母亲遮风

"秀美的发丝"中又何来"操劳留下的痕迹"，不通。

155

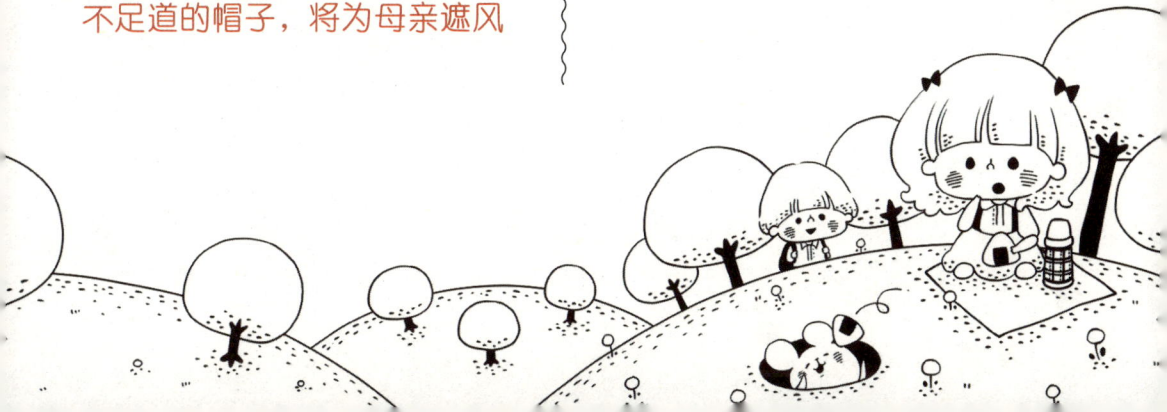

挡雨，让她永远年轻美丽。

我愿，我是一盆并不起眼的小花，会把自己最美的花朵献给母亲。虽然一朵小花在别人眼里是那么的渺小，但我不会因此失落，每当母亲忧虑时，只要瞧见我那五彩的花朵，闻到我那淡淡的花香，便会心情舒畅。

我愿，我是一袋缤纷夺目的糖果，我要把自己的甜蜜带给母亲，在她不如意时剥去我那色彩斑斓的外衣，慢慢地把我融入嘴里，我在她的舌尖舞起了优美的华尔兹，那份甜甜的汁水慢慢流入她的喉咙，甜在她心里，那份温馨可以从那甜美的笑容里读到。

我愿，我是一件已经泛

"遮风挡雨"，前面已有"挡住刺骨的寒风"，意思重复，建议删除。

从上下几段来看，"会"之前应加上"我"字。

156

黄了的小棉袄，我会用自己柔软的身体紧紧裹住母亲，无论天空下着鹅毛大雪，还是刮着刺骨寒风，只要她把我穿戴在身上，任何寒意都无法侵袭，这份温暖将一直沁入母亲整个身躯，直至心灵深处。

我愿，我是一架飞机，我会载着母亲去她最想去的地方，可能是繁华的纽约，可能是浪漫的巴黎，可能是热情的里约，可能是神秘的罗马……总之只要让母亲消除疲劳，心情愉悦，无论是天涯海角，我都愿意载着母亲飞往她向往的去处。

"总之"两字放在这里显得累赘。

157

　　大多数小朋友都不习惯把自己写的作文大声地读出来，可你知道吗，作文中的有些不足之处，只有大声读出来才会被我们发觉，这就是"语感"。

　　《我愿……》是一篇抒情散文，作者尝试用优美的文字表达对母亲的深情，这样的文章更适合诵读。正是通过诵读，我们发现了文章中的一些不如意之处，如"望着母亲一头秀美的发丝，我要轻轻地遮盖住母亲为我操劳留下的痕迹"，前句和后句，语意上明显不通。而"从此就如这顶微不足道的帽子，将为母亲遮风挡雨"，前面文句中已有类似的表达，重复了，而"从此就如"在这里读来也不通顺。此外，第二段少了一个"我"，最后一段又多了"总之"，更是不读不能发现。

　　由此可见，写完文章后，一定要大声读出来。唯有大声读出来，我们的语感才能越来越好，文章也会越写越好。

改一改

根据老师的意见，小豆丁把文章又改了一遍。你读读看，是不是好多了？如果是，那么请你把你的文章也好好改一改。

小豆丁进步啦 我愿……

　　我愿，我是一顶帽子，我会将自己戴在母亲的头上。我愿我这顶帽子，夏天不仅为母亲遮住火辣的阳光，送上一丝清凉，更增添一份时尚；冬天不仅为母亲挡住刺骨的寒风，献上一丝温暖，更增添一份靓丽。望着夹杂在母亲乌发中的银丝，我要轻轻地遮盖住她为我操劳留下的痕迹，从此这顶微不足道的帽子，将为母亲遮风挡雨，让她永远年轻美丽。

　　我愿，我是一盆并不起眼的小花，我会把自己最美的花朵献给母亲。虽然一朵小花在别人眼里是那么

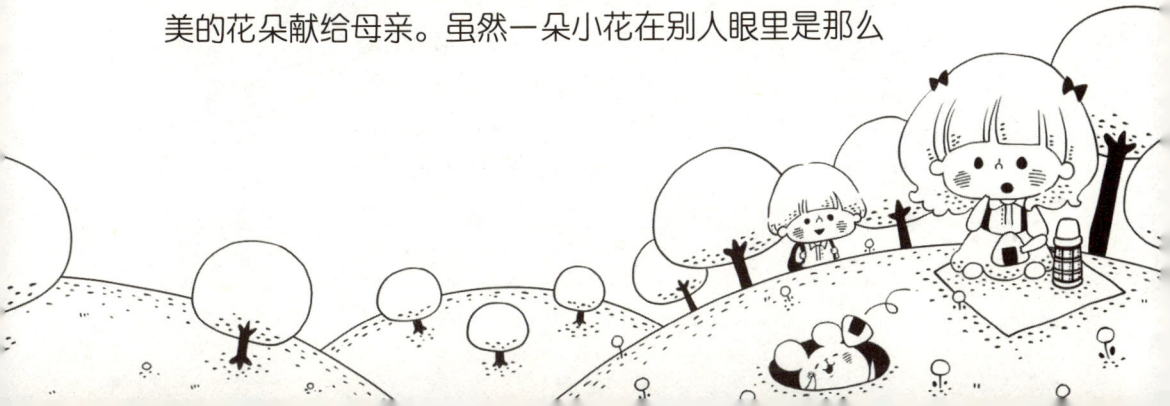

的渺小，但我不会因此失落，每当母亲忧虑时，只要瞧见我那五彩的花朵，闻到我那淡淡的花香，便会心情舒畅。

我愿，我是一袋缤纷夺目的糖果，我要把自己的甜蜜带给母亲，当她不如意时剥去我那色彩斑斓的外衣，我慢慢地融入她嘴里，在她的舌尖舞起优美的华尔兹，那份甜甜的汁水慢慢流入她的喉咙，甜在她心里，那份温馨可以从她甜美的笑容里读到。

我愿，我是一件已经泛黄了的小棉袄，我会用自己柔软的身体紧紧裹住母亲，无论天空下着鹅毛大雪，还是刮着刺骨寒风，只要她把我穿戴在身上，任何寒意都无法侵袭，这份温暖将一直沁入母亲整个身躯，直至心灵深处。

我愿，我是一架飞机，我会载着母亲去她最想去的地方，可能是繁华的纽约，可能是浪漫的巴黎，可能是热情的里约，可能是神秘的罗马……只要能让母亲消除疲劳，心情愉悦，无论是天涯海角，我都愿意载着母亲飞往她向往的去处。

从来没有人为了读书而读书，只有在书中读自己，在书中发现自己，或检查自己。
——（法国）罗曼·罗兰

写给家长的话

写作不仅需要学习一些关于句子成分、病句原因、关联词语等的语法知识，更重要的是对语言有敏锐的感觉，也就是"语感"。

培养语感的重要途径是朗读。一方面是帮孩子选择一些优秀的、适合朗读的课外读物，使他们通过对这些课外读物的朗读和背诵，渐渐地养成良好敏锐的语言感觉；另一方面，朗读孩子自己的作文，也是一个不错的办法。好文章都是朗朗上口的，家长可以一起聆听，发现读不顺的地方，就提醒孩子修改。

特别注意：小学是朗读的最佳年龄阶段。到了中学，孩子就会更多采用默读的方式了。朗读是阅读的基础，也对孩子多方面语言能力的发展有好处，就写作来说，更是锤炼文章的好办法，不可不试。

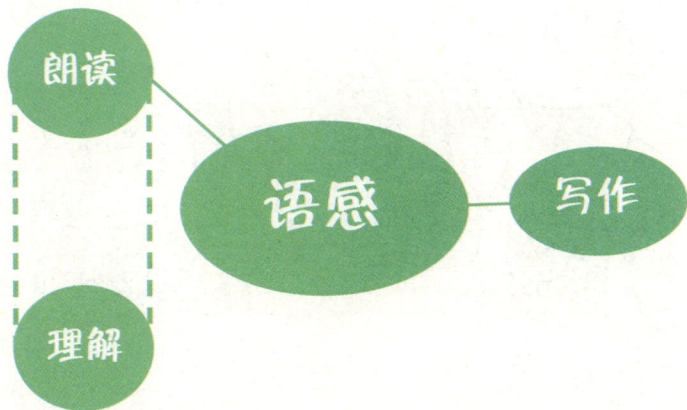

161

朗读

语感 —— 写作

理解

感谢以下提供素材的作者（以拼音为序）：

华东师范大学附属小学 陈麒畅
上海市朝春中心小学 张紫瑶
上海师范大学附属外国语小学 高　兴
上海师范大学附属外国语小学 姚珺玥
上海市江苏路第五小学 史丹妮
上海市进才实验小学 朱　齐
上海市静安区教育学院附属学校 徐楷钧
上海市静安区教育学院附属学校 赵丰年
上海市南洋模范初级中学 王符锦
上海市市西初级中学 顾博文
上海市新黄浦实验学校 沈琛东
上海市莘庄镇小学北校 沈　通
上海市永兴路第二小学 朱　玮
上海市愚园路第一小学 忻佳烨
上海外国语大学附属外国语小学 易轩城
上海外国语大学附属外国语小学 张叙聆